JN079039

「復興のエンジン」としての観光

―「自然災害に強い観光地」とは―

室崎益輝 [監修・著]

橋本俊哉 [編著]

江面嗣人・橋本裕之・清野　隆

丸谷耕太・黒沢高秀・海津ゆりえ [著]

丹治朋子・真板昭夫

創　成　社

はじめに
―観光地の「災害弾力性」―

　日本列島の活発な地殻変動は複雑な地形を産み，四季の変化に富んだ気象条件は動植物の多様性を育んできた。そうした風光明媚な景色や温泉などの自然の恵みを享受できる日本は，その一方で，地震や津波，火山噴火や台風，洪水等の自然災害が繰り返されてきた「自然災害大国」でもある。寺田寅彦の言葉を借りれば，日本は「大地は一方においては深き慈愛をもって吾々を保育する「母なる土地」であると同時に，またしばしば刑罰の鞭をふるって吾々のとかく遊惰に流れやすい心を引き緊める「厳父」としての役割をも勤める」[1] のである。東北地方太平洋沖地震（以下「東日本大震災」）以降，日本列島の地盤が不安定な状況にあるわが国において（鎌田，2018），自然の営みと共生しつつその恵みを享受する暮らしの実現に向けた持続的な仕組みの構築は，喫緊の課題といえよう。2020年にパンデミックをもたらした新型コロナウイルス（COVID-19）のような感染症によって国や観光地の「体力」が失われた状態であっても，自然災害は時を選ばないのである。

　自然災害は地域の変容を余儀なくするが，そこから速やかに復興・発展する地域と，影響が長期化する地域とがある。観光地においては，観光自体の再生に差異が表れる。自然災害からの復興と持続的な発展において，こうした差異が生じる条件を明らかにすることは，“災害に強い観光地”への備えを進めるにあたって欠かせない視点である。

　本書では，そのために必要な条件について，地域社会が有する災害への耐性の視点から検討している。災害心理学者である広瀬（2007）は，地域社会が有する災害への耐性を，被害を最小限にとどめるための，何らかの社会的・経済的な条件等を備えているかという側面（＝「災害抵抗力」）と，被災後に速やかに立ち直ることができる条件を有しているかという側面（＝「災害回復力」）とに分け

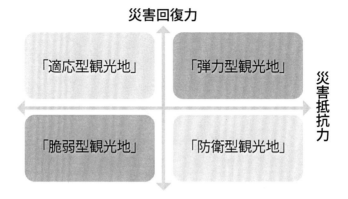

図０－１ 「災害弾力性」からみた観光地タイプ

出典：広瀬（2007）を参考に作成。

て考える「災害弾力性」の概念を提示した。災害抵抗力としては，国や社会が豊かで十分な防災投資を行えること，人びとの防災努力，安全を求める気質や風土，国や地方自治体の防災インフラの整備度合等が，災害回復力には，社会やコミュニティの結びつきの強さ，復興への強いモチベーション，優秀なリーダーシップの存在，過去の被災経験，外部支援を誘引する魅力があること等が挙げられ，これら２軸の組み合わせによって災害への耐性からみた社会を４タイプに分けている。

　この考え方をもとに観光地の類型を示したものが図０－１である。観光地の理想的な形は，災害抵抗力と災害回復力の双方を高いレベルで兼ね備えた「弾力型観光地」であるが，現実には，災害対策や防災インフラが整備されていて一定程度の災害抵抗力が保たれていたとしても，住民の高齢化や過疎化が進んだ地域が被災すると，復旧へのエネルギーが不足しているために復旧・復興に時間がかかってしまう場合も少なくない。災害回復力に劣るこのようなタイプは「防衛型観光地」といえる。これらに対して，サイクロンや洪水などが頻繁に起こり，その都度大きな被害を受けながらも短期間のうちに応急措置がとられ速やかに復旧を遂げるような，災害回復力に長けたタイプは主に途上国にみられ，「適応型観光地」と位置づけられる。「脆弱型観光地」は，災害対策をと

る余裕がなく，被災することで活力がさらに奪われ，観光地自体が弱体化してしまうタイプである。

　観光地側からいえば，自らがどのタイプに位置づけられるか，さらに災害への耐性を高めるためにはどのような方向性の検討が求められるのかを認識することが，弾力型観光地を目ざす第一歩となる。

　被災地にとってハード面の復旧は欠かせないが，自然や文化を取り戻すことなくして，地域の復興はありえない。本書は，そのプロセスにおける観光の役割に着目している。具体的には，被災地に観光の視点を導入することが復興を促し，災害回復力として重要な役割を果たす，さらには観光の導入が次の災害に向けた「備え」（災害抵抗力）につながるのではないか。本書は，こうした問題意識を共有する研究者が，それぞれ専門の視点からの分析・考察を展開した研究成果である。

　最初の2編は，総論として，この問題を考える理論的な枠組みについて論じられている。第1章（室崎論文）では，自然災害からの復興において文化と観光が果たす役割について述べられている。とくに，自然災害からの復興の推進力となる「3つのエンジン」（「精神的エンジン」「教育的エンジン」「経済的エンジン」）のそれぞれにおいて観光が重要な役割を果たすという，室崎教授によって提示された独自の視点は，本書の執筆者に共有され，本書の構成の骨格をなしている。第2章（江面論文）は，文化財保護の思想を，いかに「創造的災害復興」に活かすことができるか，その際の観光の可能性について論じ，最後に創造的災害復興に向けた文化財の必要要件としてまとめている。

　第3章以降は，観光を通じた自然災害の復興に関して，各執筆者が，それぞれの専門領域の視点から取り組んできた研究成果を，第1章の「3つのエンジン」の視点に沿って紹介している[2]。

　第3章〜5章は，生きる勇気や誇り，連帯感を取り戻す「精神的エンジン」として観光が重要な機能を果たすことを裏づける論考である。第3章（橋本裕論文）は，民俗芸能が復興に果たす役割について，岩手県沿岸部において著者自らが永らく実践してきた体験にもとづいて論じ，第4章（清野論文）では，中越大地震で被災した地域でのコミュニティ内外のつながりをふまえ，災害弾力性の

あるコミュニティをつくることの重要性について論じている。第5章（丸谷論文）は，文化的な景観が人びとの暮らしの中でいかに形づくられるかについて，能登半島地震で被災した地域を中心に述べている。

　第6章・7章では，災害体験を伝承し，未来を担う人材を育成する「教育的エンジン」が主題である。第6章（黒沢論文）は，東日本大震災が自然史系の博物館が貧弱な地域で起きたことの問題点を指摘し，第7章（海津論文）では主に"語り部"に着目した「教訓を忘れない仕組み」について論じている。

　第8章・9章は，地域が存続してゆくための経済や地域の活力を引き出す「経済的エンジン」に密接なかかわりをもつ論考である。第8章（丹治論文）は災害復興における「食」の重要性について，第9章（橋本俊論文）では，自然災害発生後，ほとんど例外なく生じる「風評被害」の問題について，行動心理面から分析している。

　なお，3章以降では，災害弾力性の向上に向けて重要と考えられる評価指標が，それぞれの分析をふまえて抽出され，最後にまとめられている。観光地や地域はそれぞれ多様であるがゆえに，災害への対応も一律にマニュアル化しうるものではない。観光地が自らの災害履歴を日頃から認識し，その地域で発生しやすい自然災害への「備え」が的確になされているならば，たとえ小規模で財政的に充分な防災投資がなされずとも，災害への抵抗力を有し，回復にも時間がかからない「弾力型観光地」となることは可能である。多様性をもつ個々の観光地や地域が，災害抵抗力・災害回復力の程度を理解し，弾力型観光地をめざすべく，自らの観光地・地域に必要とされる取り組みを確認し，検討するための指針として本書で取り上げられている視点を参考にしていただければ幸いである。

　なお，本書はJSPS科研費 JP16H03334，JP19H04383 の助成を受けたものである。この場を借りて，本研究にご協力いただいた全ての皆様に心より感謝の意を表したい。本書の刊行にあたり，株式会社創成社ならびに同社の西田徹氏には大変お世話になった。併せて，厚く御礼申し上げたい。

【注】
1) 寺田寅彦 (1935)「日本人の自然観」東洋思潮より。山折編 (2011：114) からの引用。
2)「復興の3つのエンジン」は，実際には個々が独立して機能を果たすわけではなく，それぞ
  れが連動して地域が再び活力を生む方向に向けて「発動」するものと考えられている。

参考文献・資料

山折哲雄編 (2011)：『天災と日本人─寺田寅彦随筆選』角川学芸出版
広瀬弘忠 (2007)：『災害防衛論』集英社
橋本俊哉 (2016)：「観光地の「災害弾力性」試論」立教大学観光学部紀要，18，pp.90-98.
鎌田浩毅 (2018)：「1000年ぶりの「大地変動の時代」に入った日本列島の防災と減災」人と国
  土 21, 43 (6), pp.6-10.

目　次

> Ⅳ　「経済的エンジン」としての観光

I 総 論

自然災害からの復興における観光の可能性

第1章
復興と文化と観光

　生活と文化，文化と観光は，切っても切れない深い関係にある。それゆえに，復興において生活の復興を目指す時には，その基盤である文化を創造し，その手段である観光を活用することが欠かせない。そこで，ここでは復興と文化の関わりを考察しつつ，文化を軸にした観光の復興に果たす役割を明らかにする。

1．復興の使命と課題

　復興と文化や観光との関わりを述べる前に，復興の特質や課題を明らかにしておきたい。

（1）災害の特質

　ここでは，災害からの復興を考えているので，まず災害の特質について触れておきたい。第1の特質は，破壊や喪失をもたらす残酷で非情なものだということである。生命はいうまでもなく，家庭や地域を破壊し，生活や仕事を奪う。さらには，歴史や文化まで奪ってしまう。家族や地域の様々な関係性も失われる。希望や自尊心も含め，ありとあらゆるものが奪われてしまう。生きてゆくうえで欠かせない，生活，生命，生業，生態という「4つの生」と，自由，自立，自尊，自治という「4つの自」が失われる。不条理な悲しみや苦しみが押し付けられる残酷なものである。

　第2の特質は，その時代の社会が持っている歪みを顕在化するものだということである。高齢化や過疎化による歪みが堰を切ったように噴出する。経済優先社会の問題，技術過信文明の問題，一極集中構造の問題なども表面に出てくる。人口減少に悩む地域ではその現象が加速し，農業衰退にある地域ではその

傾向が加速する。東日本大震災の東北沿岸の集落ではどんどん人口が減少しているし，漁業という経済基盤もどんどん弱くなっていっている。人間と自然の関わりだとか，人間と人間の関わりだとかを，問いかける。

（2）復興の使命

「復興」とは何か。手元にある辞書を引いてみると，「一度衰えたものが，再び盛んになること」（大辞林）とある。その衰えの原因を考えると，地震のような急激な破壊もあれば，コミュニティ崩壊のような緩慢な破壊もある。災害や事故などは急激な破壊に属するが，温暖化や過疎化などは緩慢な破壊に属する。この破壊による損失を回復し，破壊から立ち上がることが復興である。回復と自立がここでのキーワードである。

復興の定義での「再び盛んになる」ということについても，言及しておこう。ここでは，「盛んになる」という運動的規定に着目しなければならない。盛んになるということは，新しい生命力を獲得することであり，未来を切り開くエネルギーを取り戻すことである。となると，復興の英訳としては Reconstruction よりも Revitalization の方が的確なように思う。新しい息吹をどう吹き込み，変革の力をどう育むのかが，復興では問われる。2015 年に仙台で行なわれた国連の防災会議で提起された「Build Back Better」も変革を企図したもので，もとに戻すのではなく，より良くすることを求めている。より良くするといっても量的に大きくなることを求めているのではなく，質的に進化することを求めていることに留意したい。変革と進歩がここでのキーワードである。

この変革と進歩の立場に立つならば，元通りの危険な状態に戻してはいけない。悲惨な苦しみを 2 度と繰り返してはならないからである。災害の社会的な要因を取り除き，減災のための措置を充実させて，安全で安心な社会にすることが求められる。暴飲暴食的な社会体質を変えることが，ここでは大きな課題となる。ライフスタイルの見直し，自然との関わりの見直し，コミュニティのあり方の見直しなどが，安全面から求められる。安心と減災がここでのキーワードである。

（3）復興の課題

　復興では，世直しと立て直しが求められる。世直しでは，社会の歪みを正すことが求められ，立て直しでは，失ったものを取り戻すことが求められる。前者は「改革的な取り組み」，後者は「回復的な取り組み」といってよい。

　改革的な取り組みでは，災害で明らかになった社会の歪みと向き合うことが求められる。阪神・淡路大震災では高齢社会の福祉欠落の問題が，中越地震では中山間地の限界集落の問題が，東日本大震災では地方都市の経済格差の問題といった，社会的な歪みが顕在化した。これらの震災で明らかになった社会的な歪みや矛盾の解決をはかることが，復興では求められる。こうした矛盾の解決をはかって，未来の理想社会の創造につなげることが，改革復興あるいは創造復興である。

　こうした社会の歪みは，災害が起きて初めて気付くというものではない。社会の歪みは，緩慢な破壊として災害前から存在するもので，冷静に洞察する目があれば，平常時においても気付きうる。とすれば，災害後にその解消をはかるのではなく，災害前からその解消に努めるべきものである。脆弱なコミュニティの解消をはかること，安全軽視のライフスタイルを改善することなど，災害前から歪みの是正に努めることが必要である。これらの事前の取り組みは，公衆衛生的な備えや事前の復興事業に通じる。

　回復的な取り組みでは，人間らしい暮らしや活気のある社会を取り戻すことが課題となる。先に述べた「4つの生」と「4つの自」の回復が求められる。

　4つの生の回復では，「医，職，食，住，育，連，治」という7要素を包括的に獲得することが欠かせない。「医」は，医療や福祉の充実をはかって心身の健康を取り戻すことをいう。「職」は，職業や雇用を生み出して，生きがいとなる仕事を取り戻すことをいう。「食」は，栄養に留意しつつ，健康の維持につながるよう食生活を営むことをいう。「住」は，住宅を健康で安全な生活拠点として，安心できる住まいと暮らしを取り戻すことをいう。「育」は，保育や教育の場の確保と充実をはかり，子どもたちが成長できる環境を取り戻すことをいう。「連」は，人と人のつながり，自然と人のつながり，歴史と人のつながりを取り戻すことをいう。コミュニティの再生を目指すことも含まれる。「治」は，地域のガ

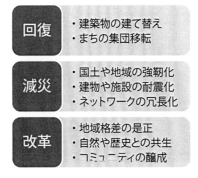

図1−1　復興における3つの取り組み

バナンスで自治や自律を取り戻すことをいう。

　4つの自の回復では，被災地の個性を尊重すること，被災者の人権を尊重することが大切である。居住地選択や住宅再建の自由が認められていること，復興まちづくりでは地域コミュニティの自治が認められていること，住宅や仕事を取り戻して自立をはかること，生きがいやつながりを取り戻して自尊を回復することが課題になる。なお，自尊を回復するうえでは，地域文化の復興の果たす役割が大きい。地域の個性を尊重するということも，自治や自尊と密接に関わっている。

　災害からの復興では，災害に強い地域をつくることが，何よりも優先すべき課題となる。回復的な取り組み，改革的な取り組みに加えて，減災的な取り組みがいるということである（図1−1）。

　この減災的な取り組みでは，ハードウェア，ソフトウェア，ヒューマンウェアの足し算をはかることが求められる。ハードだけに固執せず，ソフトにも力を入れ，コミュニティづくりや情報システムの整備を心がけなければならない。それ以上に大切なのがヒューマンウェアで，市民意識の向上や生活習慣の改善を心がけなければならない。この意識や習慣は，歴史的に形成される生活文化と密接に関わっており，地域の祭事や伝承とのリンクをはかる必要もある。

　安全性は生きてゆくうえでの必要条件であっても十分条件ではない。安全性の確保を最優先にしつつも，利便性や快適性も同時に追求しなければならない。

アメニティがあってコミュニティがあってサステナビリティがあれば，結果として セキュリティがついてくるという「アメコミセキュリティ」の考え方を，ここでは大切にしたい。まさにそれは，地域密着型で持続共生型の文化を育むことに通じる。

2．復興と文化

　文化を中心にして復興と観光は深く結びついている。そこで，復興と文化の関連性を論じたうえで，観光が復興に果たす役割を論じることにする。

（1）文化の役割

　ここでいう「文化」とは，社会が地域に根差して蓄積し共有してきた，人間の生存と社会の紐帯の基盤である，有形あるいは無形の「様式，技能，慣習，知恵」などをさす。災害に関わっては，「災害文化」（Disaster Subculture）という言葉がある。災害の経験の中で生まれ育まれてきた，防災や減災に関する知恵や技能などの集積を災害文化という。この災害文化は，とりわけ生活の中や地域の中で醸成され伝播されている。

　この災害文化は，大きく属性，行事，資源に区分して捉えることができる。属性として見た時には，芸術，科学，宗教，制度などとして，それは蓄積されている。行事として見た時には，風習，祭礼，技芸，規範などとして，それは機能している。資源として見た時には，文化財，文化景観，工芸品などとして，それは存在している。

　こうした文化や文化的資源が，減災的な役割と効果を，それぞれ人間に対しても，地域に対しても果たす。人間に対しては，心の拠りどころとなり，精神的な安らぎを与える。生きてゆく希望にもつながる。地域に対しては，共同体としての絆を育み，地域への愛着や誇りを生む。災害や復興において，文化は無くてはならないものである。

（2）災害と文化

　それでは，文化と災害との関連を具体的に見てみよう。災害と文化は，相互規定の関係にある。文化は被災の対象でもあり，減災の手段でもある。

　災害により，文化は破壊される。大規模な地震や火山の噴火，あるいは津波や豪雨などの自然災害で，文化や文明が失われている。マヤ文明やエーゲ文明，イースター島文明などは，疫病や環境破壊によって失われている。諸説があり定かではないが，マヤ文明は干ばつにより，エーゲ文明は飢餓や疫病により，イースター島文明は森林破壊により滅亡したといわれている。ベスビィオ火山の噴火によるポンペイの消滅もある。日本でも，阪神・淡路大震災や東日本大震災で，文化財や文化的景観が少なからず破壊されている。

　自然災害や環境破壊だけでなく，戦争や紛争による破壊もある。戦禍や爆撃により歴史的資産が破壊されてしまう。ナチスドイツによるワルシャワの歴史地区の破壊，アフガン戦争でのタリバンのバーミアン遺跡の破壊などがその代表例である。イスラム過激派の文化遺産の破壊もある。ナチスは，他民族の血を絶やすために，アウシュビッツに送り込んで人命を奪うだけでなく，歴史的文化の破壊にも力を入れている。このことは逆説的に，人命とともに文化が，民族が生存するうえで欠かせないことを教えている。

　文化は災害により破壊される一方で，文化は災害から生命や生活を守る役割を果たしている。減災の知恵や技能が文化として，生活の中や地域の中に溶け込んで継承されてゆくと，災害体験は風化せず，次の災害による被害を軽減する役割を果たす。

　京都の古いまち並みを見ると，屋根の勾配や高さを統一する，隣家との間にうだつを入れる，２階部分は漆喰壁にしてうだつを上げる，背割りには蔵を立ち並べるといった防災の知恵が共有され，それが秩序あるまち並み景観を作り出している。そうした秩序や文化的景観が，大火を防ぐ役割を果たす。同様のまち並みの秩序はロンドン大火の後の復興でも取り入れられ，大火の防止に役立っている。

　防災の知恵としての文化は，まち並みなどのハードにとどまらない。祭礼のための共同事業やおすそ分けなどの生活慣習としても根付いている。京都の一

部の地域では，風の強い日にはサンマを焼かないといった風習が，今なお生きている。

（3）復興と文化

　復興と文化の間にも，相互規定の関係が成り立っている。文化は復興を促し，復興は文化を創造するという関係が成り立っている。

　復興の駆動力としての文化を見ると，結や講といった地域の結びつきが復興の絆として機能している。神楽や獅子舞といった地域のお祭りが復興への勇気を与える。音楽や絵画は被災者を慰め癒す働きをする。地域のお祭りの復活が地域の復興の推進力となっている。後述するように，文化が復活すると地域の吸引力が生まれ，観光につながると賑わいや経済の発展にもつながる。

　復興の創造物としての文化を見ると，阪神・淡路大震災では「幸せ運べるように」などの復興支援ソングが，東日本大震災では「花は咲く」などの復興支援ソングが生まれている。震災を題材にした小説や歌集も数多くつくられている。阪神・淡路大震災では，村上春樹の「神の子どもたちはみな踊る」，東日本大震災では，池澤夏樹の「双頭の船」といった小説が生み出されている。鴨長明の「方丈記」は，1177 年の安元の大火などを題材にした文学作品である。また，復興の創造物として，新しい思潮を挙げることができる。1755 年のリスボン地震は，ボルテールやルソーなどによる啓蒙思想を生み，フランス革命にまでつながっていく。1854 年の安政地震は，吉田松陰や西郷隆盛などによる討幕思想に少なからず影響をあたえ，明治維新にまでつながってゆく。

　この文化の創造ということでは，祇園祭の誕生の経緯に触れざるを得ない。祇園祭は大量の死者が出る疫病を収めようとして 869 年に始まっている。天明の大火や禁門の変による大火などの災害を何度も受けながらも，祇園祭が復活してまちの復興を後押ししている。復興が文化を生み，その文化が復興を後押しするという関係が確認できる。

3．復興のバネとエンジン

　文化が復興を推し進めるということに関わって，復興の推進力としてのバネとエンジンについて言及しておきたい。その推進力は，復興バネとか復興エンジンとか呼ばれる。推進力を精神面から考えたのがバネで，機能面から考えたのがエンジンである。

（1）復興のバネ

　「災害ユートピアの成立と崩壊」という復興過程の運動論がある。災害直後には，お互いに助けあおうとする力が働き，被災者が一体となるユートピアが現出するが，復興が進むにつれて，被災者間に格差や対立が生まれ，加えて様々な復興の障害が立ちはだかって，多くの被災者は「２番底」とも言われる奈落の底に再び突き落とされる。しかし，その後に復興バネが働いて，被災地と被災者はその奈落の底から這いあがることができる。

　精神的作用としてこの役割を果たす復興バネには，気概のバネ，共感のバネ，反省のバネ，希望のバネがある。「気概のバネ」は，逆境に負けず立ち上がろうとする反骨心をいう。「なにくそ」という負けじ魂である。この気概のバネには，被災者の自立を促し，勇気を引き出すことが求められる。「共感のバネ」は，お互いの気持ちを理解し合い助け合おうとする連帯感をいう。ここでは，コミュニティケアやボランタリーケアが求められる。「反省のバネ」は，災害につながった過ちを正そうとする姿勢をいう。被災の原因を正しく捉え，自省してその改善をはかることが求められる。「希望のバネ」は，復興の正しい方向を指し示すビジョンや目標像をいう。みんなで夢とリアリティのある構想や計画をつくる必要がある。

　この復興のバネの中で，新しい質を獲得して創造や改革につなげる役割を果たすのが，反省のバネと希望のバネである。この２つのバネは，復興の目指すべき方向を示し，復興の羅針盤となるからである。まず，反省のバネについて触れておきたい。すでに述べたことであるが，災害は，一極集中の国土構造，

自然環境の乱開発，行き過ぎた核家族化などの問題を，私たちに突きつける。そうした歪みに向き合ってその克服をはかることが，復興には求められる。

　歪みに向き合う時には，なぜそうした歪みが生まれたかの自省的な視点がいる。自省的に捉えることによって，今までの価値観が変わり，生き方が変わってくる。被災の原因の究明なくして，反省のバネはなく，新しい質の獲得もない。経済優先で安全軽視の風潮，利己的で排他的な発想，自然と共生する姿勢の欠落など，人為的あるいは社会的さらには技術的な原因に鋭くメスを入れる必要がある。歴史的文化の継承への姿勢の弱さも反省しなければならない。

　次に，希望のバネについて触れておきたい。復興の遅れや混乱は，復興で目指すべき方向がすぐには定まらなかったこと，あるいは拙速に方向性を決めてしまったことに起因している。目指すべき社会の方向を事前にしっかり議論しておけば，復興の目標像の合意が災害後に速やかに取れ，かつ多角的な検討を踏まえて適切な方向を見出すことができたと思う。速やかで理想的な復興のためには，復興の方向を指し示す希望のバネとしてのビジョンを事前に検討しておくことが欠かせない。

　希望のバネは，第1に被災地の心を1つにするために，第2に復興の方向を正しく捉えるために，必要である。心を1つにするためには，時間をかけて被災者みんなで，日頃からしっかり議論を積み重ね，目指すべき社会像を共有しておかなければならない。また，復興の方向を正しく捉えるためには，社会が抱える問題点を深く考察し，時代の流れや世界の動向にも目を向けつつ，目指すべき地域像を明らかにしておかなければならない。

（2）復興のエンジン

　バネは精神的側面から見たものであるが，機能的側面から見たものがエンジンである。このエンジンとして，精神的エンジン，経済的エンジン，教育的エンジンの3つがある（図1-2）。

　「精神的エンジン」は，生きる勇気や誇りあるいは連帯感を取り戻す機能をいう。先に述べた復興のバネが地域の中で働いた時に機能する。「経済的エンジン」は，生きてゆくための経済や，地域の活力を引き出す経済の基盤があるときに

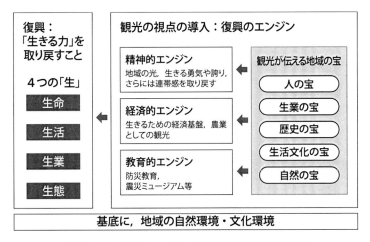

図1−2　復興のエンジンと観光が伝える地域の宝

出典：室崎（2015）を参考に作成。

機能する。コミュニティビジネスを含む地域の経済の活性化によりもたらされる。この地域の経済の活性化に，観光が果たす役割は極めて大きい。「教育的エンジン」は，災害体験を伝承し，未来を担う人材を育成する機能である。災害伝承施設，災害ミュージアム，語り部などが，その力を与えてくれる。

　これらのエンジンを駆動させるには「ガソリン」としての地域資源がいる。豊かな自然や学びのある歴史が欠かせないし，生活や生業を通して感じられる刺激もいる。そして何よりも，魅力ある人が息づいていることが求められる。「人の宝」「生業の宝」「歴史の宝」「生活文化の宝」「自然の宝」がいるということである。それらの地域の宝というべき資源は，双方向あるいは相互規定の関係で，復興の中で回復することができ，その回復された地域の宝がエンジンとなって，復興をさらに進めていく力となる。

　この地域の宝は観光の光でもある。地域固有の素晴らしさであり魅力でもあり，復興の推進力にも観光の推進力にもなる。

4．観光の視点の導入

　観光は，他の地域の自然や文物さらには文化に触れて，そこでしか得られない精神的な欲求を満たすことだ，といえる。観光する側については，異なる自然や文物に触れること，観光させる側については，優れた自然や文物を示すことが，観光の成立要件である。いずれにしても，そこに魅力的で人をひきつける自然や文物が存在することが，地域に求められる。被災地では，災害で失われた自然や文物さらには文化の復活や再生がなければ観光は成り立たない。

　観光では，風土や風光の魅力が問われる。この風土や風光は，地域の自然資源や文化資源としての，風や土や光のことをいう。この風と土と光によって地域は支えられていて，その風と土と光をもう一度見直すかたちで，地域や復興を考えなければならない。

（1）観光と3つのエンジン

　自然や文化を取り戻すことは，単に観光のためだけではない。地域の精神的な支柱を取り戻すことにつながる。地域の誇りや郷土愛につながり，復興の精神的なエンジンとなる。神楽や獅子舞といった郷土芸能が復興の精神的な支えとなり，復興の地域的な絆となることはよく知られている。美しいまち並みや自然景観の回復は，地域の潤いや歴史的景観の継承につながる。結果として，精神的に豊かな暮らしが実現できる。

　他方，自然や文化といった観光資源の回復は，観光客の来訪と地域の賑わいにつながり，経済的な豊かさにもつながる。復興の経済的なエンジンとなる。支援のために被災地に赴くことが観光につながり，観光のために被災地に赴くことが経済的支援につながる。地域の復興には，生業や雇用の確保が欠かせないし，産業復興の推進が欠かせないが，その産業復興の軸になるのが観光産業である。

　「被災地責任」という言葉がある。被災地支援に対する恩返しに，災害の体験や教訓を伝える責務を被災地は負っている。その責務を果たすために，伝承

施設や教育施設がつくられる。その代表例が，広島の原爆ドームや平和資料館であり，沖縄のひめゆりの塔であり，神戸の「人と防災未来センター」である。そこで，被災地内の人も被災地外の人も，災害の体験や減災の心を学ぶ。その学びが，復興や未来創造の力となる。教育的エンジンとなるのだ。

（2）減災ネットワークの構築

　観光を通して，多様で重層的な人のつながりができる。観光を生み出す人と，観光を享受する人，いろんな人たちが力を合わせて観光という1つのものを作りあげていく。それは，地元の人だけではなくて，そこに来る人も含めた共同作業である。被災者と支援者あるいは未災者との共同作業でもある。復興というプロセス，観光というプロセス，自立というプロセスがとても大切で，それこそ文化を作り上げていくプロセスに他ならない。その共同のプロセスと観光は，減災のための人的ネットワークを豊かにすることにつながる。

おわりに

　観光という側面から復興のあり方を考え，復興を大きく前に進めることを期待したい。

参考文献・資料

室崎益輝（2015）：「復興から見た観光（招待講演）」第4回CATS観光創造研究会，北海道大学観光学高等研究センター

第 2 章
文化財保護の思想を活かした観光と
創造的災害復興

1．はじめに

　阪神・淡路大震災（1995年），東日本大震災（2011年）と，日本は戦後最大の度重なる大震災を経験し，自然災害に対する国民の関心は大きく増大し，それに対処する方法についても多面的に検討が行われて来ている。自然災害への対処方法については，災害前の備えについての対策，災害後の復旧（復興）方法，また，物理的な面及び精神的な面など，多岐に亘ると考えられる。本稿では災害前後の精神的な面について考える。特に，文化財保護の思想を反映した観光に注目し，文化財の創造的活用の思想を反映した創造的災害復興について提案を行う。災害復興を考えるに当たって，災害をただ悲観的に思考するのではなく，災害について前向きに，ポジティブに考え，観光によって災害前後のレジリエンス（精神的回復）の能力を高め，さらにその先にある人間的な成長についても考えようとするものである。レジリエンスの能力の獲得も精神的な成長も，個人的なものと集団的なものが考えられるが，いずれにしても一朝一夕に果たせるものでは無い。それを実現し，そのための体制の整備を長期的に計画的に行える高度な思想と現実的な「場」が必要である。その「場」は，多くの人を引きつける魅力ある場でなくてはならない。その場として，筆者の考える文化財の創造的活用の思想を反映した観光の展開を提案し，高度な思想については文化財保護法の思想に学び，ひとづくりを目的とした創造的な災害復興について考えるものである。

　災害復興のレジリエンスを考える上で，災害における復興の方策もその土地の状況や文化と無関係ではない。人々の考え方や価値観は国や地域によって異

なり，必ずしも一定ではない。その地域の文化をも考慮して復興が進められることが不可欠である。以下の各論では各地における観光と自然災害についての考察が行われており，それぞれの場における思想性と規範性の追求が成されていると考えられる。本稿はそのための基本的事項を眺める総論でもある。

2. 観光と文化財

　現在，日本だけでなく，海外においても世界遺産に対する興味が年々加熱し，世界遺産への取り組みも一部は政府間レベルの取り引きにまで発展している。この過熱ぶりは，本来の世界遺産の文化的価値を認めた上での行為であることは勿論であるが，インバウンドという言葉が常用されるようになったように，国内だけでなく海外レベルにおける観光の経済的効果の期待が極めて大きいことは容易に想像できる。観光においては，常にその目的が問われるなか，経済的な期待が常に存在し，時には経済的目的が最優先に考えられることも少なくない。観光を進める上で「本来の観光」の目的と経済的目的のどちらを優先すべきかは極めて現代的な課題である。とりあえず，経済的目的を成立させその後に本来の目的を追求するという手段が考えられるが，私の経験では経済的目的の後に本来の観光を目指すことは極めて困難であると考える。一端，経済的安定を得るとその体制を崩してまで精神的充実を望むことが現実的には困難であるからだ。

　観光の目的を考えるに当たって，観光本来の役割を考える必要がある。「観光」は，中国の古典，『易経』の「観国之光　利用賓于王（国の光を観る，もって王に賓たるに利（よろ）し）」からとられた言葉で，日本では江戸時代末期に用いられるようになった。現代的な解釈は諸説あるようであるが，光としての国の価値を見出して，（王の役目である）国づくりに使っていくことの重要性が説かれていると考える。「国」は地域を表すとも考えられ，地域それぞれの光を見出すという行為は，何処であれ重要なことは間違いない。そのような地域がもつ宝や価値を見出し，地域づくりに使っていくという意味が観光にはあるとすると，現在の観光の意味するところと大きな差異を感じざるを得ない[1]。以下では，

地域の宝や価値を観て価値的に使っていく観光を特に「本来の観光」(略して「観光」)として使い，現在一般的に使われている観光と区別して使うことにしたい。

　後に詳しく記すように，「観光」は文化財や文化遺産に接する行為でもあり，「本来の観光」は保護法の活用と同等の目的をもつものとも考えられる。「本来の観光」の目的を検討するためにも，まずは文化財保護法の思想について考えてみたい。やや専門的になるが本稿における中心的課題を含み，その思想について理解を頂きたい。

3．文化財保護法の思想について

(1) 法律の目的

　日本の文化財保護法 (以下，保護法と呼ぶ) には目的について次のように書かれる。

　「この法律は，文化財を保存し，且つ，活用を図り，もって国民の文化的向上に資するとともに，世界文化の進歩に貢献することを目的とする。」(保護法第1章総則第1条)

　この条文を読む限り，日本の文化財保護は文化財の保存と活用の両方をもって行われ，その先の「国民の文化的向上」及び「世界文化の進歩」を最終的な目的としていることが分かる。文化財保護の実現は保存だけで達成されるのではなく，活用についても明記され，保存と活用が車の両輪のようにして文化財保護を追求しようとしているのが分かる。また，保存や活用による「国民の文化的向上」や「世界文化の進歩」など，高次の目的が掲げられているのが分かる。

(2) 保存と活用について

　文化財の保存に比べて活用が一般に議論されるようになったのは比較的遅く，平成の二桁の時代になってからである。筆者の経験から，それ以前は文化庁においてもほとんど議論されることがなかったと記憶する。保存に比べて[2]，それほど年月を経た訳ではないが，近年においては，保存だけでなく活用が重要なことは，多くの文化財関係者が認めるところとなった。全国レベルで活用

が急速に重視されるようになった背景には，文化庁が活用について指導するようになったこともあるが，社会の大きな変化が根底にあったと考えられる。国民や一般庶民を重視する考え方が広がり，社会の価値観の大きな変化があったと考えられる。文化財関係だけでなく，公共的な事業については公開性と説明責任が問われ，税の費用対効果が強く求められる時代となった。行政の透明性が重視され，社会的に行為の目的と方法を明示しなければならない時代となり，文化財保護においても，国民や庶民に分かるかたちで保存の理由を明確にすることが求められた。

　文化財の保存については，文化財の指定等を進め，修理して後世に残していくことであると考えられ，その分野については近年は保存科学など学問的な検討も進んできている。保護法上もいくつかの規定がみられ，新たな分野に保存の対象が拡大されてきた経緯もみられる。それに対して，文化財の活用については，保護法には公開について書かれているぐらいで，それ以上の記載は見当たらない。文化庁においても建造物の活用事例集が作られ，文化財建造物の活用についても積極的に進められるようになったが，活用のもつ思想的な側面についてはほとんど検討が進んでいないように思う。活用の内容のさらに深い分析と検討が必要であると考える。

　文化財建造物の分野において，最初に活用の必要性が指摘されるようになったのは近代建築の保存の分野で，時代の変化に対応できずに急速に建て替えが進み，その保存が叫ばれるようになった。そこで使用できなくなった歴史的建造物を，新たな使い道を考えて残していくことを，活用と称した時期がある。昭和の50年前後のころと記憶する。

　このような用途変更をして歴史的建造物を残すことを活用とした時期があるが，このような行為が「文化的向上に資する」行為の典型であるとは考え難い。保護法が掲げた高次の目的に匹敵する活用の方法が他にあると考えられる。このような本来の活用を考えるためには「文化的向上」の意味を考えなくてはならないだろう。

（3）国民の文化的向上について

　先に引用したように保護法には誰のための文化財の保護かが明確に書かれ，「国民」とある。目的の対象は抽象的な日本でもなければ，勿論，都道府県や市区町村でもない。人間である国民である。これは保護法が昭和 25（1950）年に制定され，戦後間もなかったことが影響し，「日本」という語を使うのを意識的に避けたとの見解もあるが，文化庁内部にもそれに関する史料が見あたらず，目的の文章の作成過程及び正確な意図は明らかではない。いずれにしても保護法の目的が国民となっていることは疑いのない事実である。

　また，目的の内容は，日本国民に対しては「文化的向上」が挙げられている。これが何を意味するかは，その後の条文を読んでも明らかではないが，日本国民にとっての保護法の中心的な目的を表した言葉として極めて重要であると考える。「文化的向上」は，文化の領域が物心両面にわたり，一応は物的向上も考えられるが，「国民の」という語を冠し，高次の理想を掲げていると考えられ，文化財の保護の目的が物の豊かさを追求したものとは到底考えられない。文化庁が行政官庁として，日本人のフィジカルな面の豊かさを追求するのではなく，当時の文部省（現文部科学省）の所管官庁に位置づけられたことから考えても，主として教育的な心の豊かさ，文化財の保護による日本人の精神的な面の向上を追求したものと考えられる。この精神的な向上については後に更に検討することにしたい。

　さて，先に挙げた文化財の活用であるが，「文化的向上」が精神的な向上を意味するとすると，歴史的な建造物の活用は先に示したような単なる用途変更によって，文化財を使うということを意味するのではなく，さらに深い意味があると考えられる。先にふれたように，活用を，残すために緊急避難的に用途変更をして，一時的な保存方法として考えた時期がある。以下では，単に歴史的建造物の使用する機会を確保し増やしていくとする活用を，「緊急避難的な活用」と呼ぶことにしたい。

　文化財が国民（人間）に対してどのような役割をもつか，「文化的向上」がいかなる意味をもつかは，後の観光や災害復興の意味を考える本稿の主要なテーマでもあるため，後にさらに検討していきたい。そのために「文化」がいかな

る意味をもつのかを，以下に考えたい。

4．文化財と文化

（1）保護法の文化財の定義
文化財保護法には文化財について次のように記されている。

第二条　この法律で「文化財」とは，次に掲げるものをいう。
一　建造物，絵画，彫刻，工芸品，書跡，典籍，古文書その他の有形の文化的所産で我が国にとって歴史上又は芸術上価値の高いもの（これらのものと一体をなしてその価値を形成している土地その他の物件を含む）。並びに考古資料及びその他の学術上価値の高い歴史資料（以下「有形文化財」という）。

この他，「無形文化財」「民俗文化財」「記念物」「文化的景観」「伝統的建造物群」についても同様の説明がなされている。また，筆者の専門である重要文化財建造物の指定基準をみると，価値あるものとして意匠的，技術的，歴史的，学術的な価値を，または流派的又は地方的特色を挙げ，国宝においては文化的意義を挙げている。

文化財保護法の条文からは，文化財の外延的な例については分かるが，内包的意味については不十分で分かりづらく，文化財とは何なのかについては明確ではない。また，文化財のもつ価値について指定基準に若干書かれ，それぞれの分野における価値が示され，活用についても各分野で活かされることの期待もうかがえるが，明示されているわけでもなく分かりづらい。

（2）文化財と精神
先の文化的向上がいわゆる心的な向上であって，精神的向上を意味すると考えられたが，この精神と文化財（建造物）との関係についてもう少し検討しておきたい。
歴史的建造物と精神の関係について言及した文献に太田博太郎著の『日本建

築序説』がある。太田は，東京大学の教授を務め，戦後の歴史的建造物の研究方法等にも多大な貢献をした日本建築史の泰斗で，国の文化財保護審議会の会長も務め，文化財建造物の保護に多大な貢献を果たした。この書に次のようにある。

「（日本人が）伝えようとするのは，そこに作られた物自体ではなくて，精神を担う形であり，物は結局精神を表わすための手段であり，物それ自体は永久に残し得ないものと感じていた・・・・」（太田，1989：18）

「日本人が建築に対して，その永遠記念性を，そのもの自体に求めず，そのものによって作られ，表現された精神に求めた・・・・」（太田，1989：19）

これらは日本建築の特質について書かれた文章で，日本人の考え方が仏教の影響を受けていることについても言及している。その上で，日本人が後世に伝えようとしたのは，自らが建てる建築そのものではなく，建築は手段であり，建築は自らの精神の表現（精神を担う形）であり，その精神を伝えようとしていたと書いている。太田が物である建築に精神の存在を指摘していることは，改めて氏の見識の深さを感じるものであるが，建築史の泰斗が物の創造と精神の関係に言及した極めて重要な指摘であると考える。

上記のように建造物に認められる精神は，建築との関係を考えたとき，それのみによって建築ができる訳ではない。精神に伴う技術が必要である。精神，技術，建築（作品）は常に同等のレベルをもっていると考えられ，優れた大工などの職人はこれらの高い精神と技術の両者を合わせもつと考えられる。一流の歴史的建造物は，一流の高い精神が根底となった高い技術によって造られたと考えられる[3]。

この技術と精神の関係については，先の太田の指摘から，以下のように考えられることは重要である。高度な技術は高次の精神から生み出され，高度な技術には高い精神を伴う。高い精神と技術は，物（有形）やもの（無形）の新旧にかかわらず認められ，現代においても，一流の物やものをうみ出す力にも認められる。

時に一流の職人から「最後には自分が出てくる」ということをよく聞く。これも一流の職人の究極の技が表現されるときは，それは単なる通常の思考レベ

ルの作業からではなく，その技を支えているさらに奥にある自分の何かが表現
されるという意味と考えられる。思考レベルの技術を支え，更に奥にある自分
とは何なのか。良いものを作ろうと職人が考え，技術的な工夫をする。身体的
にからだが覚えた技術もあるが，それを駆使するには考える思考が伴う。思考
によって技術的に成長しようとする考えも出てくる。その考え，成長しようと
する方向へ自分を突き動かす自分（自己）があることは多くが認める事実でも
ある。その自己を動かす基にあるのが精神であると想像するが，以下にさらに
検討していきたい。

（3）芸術と精神

　この精神については芸術との関係においてもその存在が指摘される。芸術は，
人の意識の中に新たな世界（現象する対象）を創造し，意味をもち[4]，その深い
意味にふれることによって人は心を動かすと考えられる。絵画や音楽や文学な
どの多くの芸術があるが，一流の芸術は高度な深遠なる意味をもつと考えられ
る。それにふれるということはその意味について感受し，考える機会をもつこ
とであろう[5]。そういう深遠なる意味に接することによって人は感動し，感動
という経験を経て更に思考し，新たな価値観や考え方を獲得し，徐々に人格や
人間性を成長させていくものと考える[6]。一流の芸術が常に価値があるとされ
るのはそれ故であろう。

　では，芸術は人間のどこに働きかけて何を変えていくのであろうか。先に精
神と技術について考えたが，技術は精神の発露であり，逆に技術的経験は精神
に影響し，蓄積されると考えられる。芸術が人にとって重要な意味をもつと考
えられているのは，芸術も，技術と同様に，精神に影響を及ぼすと考えられて
いるからであろう。芸術は，人の誰もが共通して持つ精神に影響を与え，その
精神を豊かなものにし，より高度なものに変えていく役割をもつと考えられる。
先に説明した歴史的建造物と同様に，一流の芸術は高度な精神性の発露である
と考えられる。人はその発露した作品に出会い，ふれることによって影響を受
け，精神を変化させていくと考えられる。そこに導く役割として教育が考えら
れるが，観光も同様の役割を果たすことができると考えられる。観光の役割に

ついては後に詳しく説明したい。

　さて，芸術に関しては重要な観点がもう１つある。簡単に説明しておきたい。芸術の役割は個性から普遍性をみるということである。その逆ではない。一流の芸術は，絵画でも，文学でも極めて個性的であることは間違いない。他をもって代替することができない。個性的なものであるが，一流の芸術にみられるように，その内在するテーマは国を越えて共通し，極めて普遍的である。作品１つ１つの表現された形式は個性的であり，尚且つ，一流であればあるほど多くの人に理解できる意味や価値をもち，普遍性をもつ。しかし，芸術における個性と普遍性の関係は，近代科学や近代合理主義にみられるように，普遍性のための個性ではなく，普遍性の中に個性を埋没させることなく，あくまで他によって代えがたい個性的な存在性を示す。と同時に普遍的な価値をもつものと考えられる。このような普遍性をあえて「芸術的普遍性」と称するようにしたい。後に記すように，それぞれの文化も同様の個性と「芸術的普遍性」をもち，文化財も同様の価値をもつものと考える。

　芸術はその作品無しに語ることはできない。作品は必ず表現手段をもつ。それは先ほど指摘したように芸術が意味をもつとすると，作者から鑑賞者への伝達手段をもつといってもよい。たとえば文学であれば活字があり，音楽では音が伝達手段となる。しかし，当然ではあるが，小説家が伝えようとするのは活字ではない。音楽家が伝えようとするのも音符の音ではない。これらの組み合わせによって何かが我々のなかに創られて現象し，伝えられるのだと思う。先ほど引用した太田の文章についても同様のことが指摘できる。伝えようとしたのは表現された形ある物自体ではなく，作品という形を生み出した表現の根底にある精神であるとされた。あえてここで指摘したいのは，人間はそのようにできていると考えられることである。言語の理解と同様に，人はかたちある何かを意識し，その奥にある精神を感受し理解するようにできていると考えられる。

（4）精神について

　筆者は哲学や心理学を専門とせず，精神について十分な知識や説明能力をも

つものではないが，ここでは人間の思考において精神がどのように位置づけられるのか，私論ではあるが説明しておきたい[7]。

　精神は，辞書などでは次のように説明される。心とも同じ意味に使われることがあるが，心が主観的，情緒的であるのに比較して，知性や理念に支えられ，高次の心の動きとされ，個人を超える意味をもち，個人の身体を超えて遍在する広がりをもつという[8]。

　精神については古くから哲学的課題とされ，近年の哲学者や言語学者によっても論理的な説明に使用されている。これらを参考にすると，上記の辞書等の内容以上に，精神がどのような役割を果たし，どのようなものかもより詳しく分かる。

　哲学者キルケゴールによれば「人間は精神である」「精神は自己である」とされる[9]。また，近年活躍のマルクス・ガブリエルによれば，精神は「考えること以上のもの」であり，人間の心は「精神の表現」であるとされる[10]。つまり，精神は，人の考えや心の基礎にあり，考え方や思考，心や感情を支えるもので，表現された思考や感情よりも人間の意識のより深くに位置すると考えられる。さらに，動物には「精神だけはない」とし，精神により自らを知り「自身の人格が変化していく」(p.233) ことが可能で，「精神が当の精神自身に関係すること，わたしたちが自らの可変性を理解している」(p.235) とし，精神を変え得ることについても言及している。

　また，言語学者のチョムスキーによっても，人間の言語の成立において精神がどのように働くのかが説明される。チョムスキーの言語論は難解なところがあるが，筆者は下記のように理解している。彼は人間の中で生成される言語がどのように言語化されるのかを説明する。人間はもともと言葉を話すように生まれてくるとし，言葉は人間のもつ深層構造を経て出現するとする。深層構造は精神と変換機能（変形規則）によって構成され，言語の元は精神によって造られ，変換機能を経て言語化されるとする。人間の持っている精神については人類共通の構造をもつが，習得的な変換機能を経ることによって，それぞれの国の言葉になるとされる。つまり，人間には精神があって，人間の思考の根底に精神を持つことは，どの国の人も同一であり，言葉に変換するときに変換方法が異

なり，それぞれの異なった言葉になるとする[11]。

　精神については難しい概念をもち，簡単には定義できないが，以上のことから少なくとも，精神が思考や感情の意識の根底にあり[12]，それぞれの考え方，思考や知覚などの奥にあり，それらを支えているものであるといえるだろう。また，精神には高次，低次の別があり，外部からの刺激によって，より高次なものへの変換が可能であることも理解できる。ここではそのことだけを確認しておきたい。

（5）３つの視点からの思考方法

　物や物事の思考において，歴史や文化的側面が重要であるのは，文化財の世界だけではない。本論で扱う観光や災害復興においても，また社会全体においても文化的な思考が重要であると考える。以下には，筆者の考える３つの視点からの思考方法について説明しておきたい[13]。

　３つの視点の思考方法とは，物などの対象（存在）を①構造的・機能的，②心理的・知覚的，③社会的・文化的の３つの視点によって捉える方法を指すが，全ての対象にはこれらの３つの側面が備わるといえる。たとえば，私の横に腕時計がある。時計の１つの側面は，物理的な存在で構造的，機能的な価値をもち，誰が身につけても，場所によって変わらない特質を有する。すなわち人間の存在にも環境にも左右されない。具体的には私の腕時計はチタン製で，傷に強く軽い。機能面では，電波時計で，ソーラー時計の機能をもつ。全ての時計や物の存在がそのような構造的かつ機能的な特質をもつ。人間そのものについても肉体的な健康や，肌や目の色の相違など，フィジカルな特質を有する。物理的な存在は機能を形成し，それぞれの対象に確実に認められる。

　もう１つは，人間の心理や知覚に関係する価値であり，心理的，感覚的な側面である。時計が自分の感覚に何をもたらすかであり，見た目の感覚や着装感などが考えられる。自分がどう感じるか，知覚によって自分のなかに生じた感情が関係する。第１の側面と異なり，人間の存在と環境に左右される特質をもち，人の存在無しには考えられない。物の側から考えればデザインや意匠的な面が考えられる。

　さらに時計などの対象にはもう１つ重要な側面が伴う。それは，社会的，文化的，歴史的側面である。先ほどの２つの価値は，量産が可能であるし，代替物を作ることも可能である。ところが，この第３の価値は，それが不可能である。例えば，この時計が親の形見であるというような価値である。対象と自分との生活の時間（歴史）的経緯のなかで形成された価値であり，人と物と時間によって形成された価値（特質）であるといえる。その価値は単なる個別の存在としての自己のなかで作られるものではなく，自己以外の対象との社会的な関係によるものである。後に記すような，複数の対象との間に創られる，人と物とが相互依存した文化的関係によるものであるといえる。

　この第３の価値は，近代においては新しい時代の発展が求められて，日本独自の伝統や芸術などのように，その価値が認められなかった時代がある。先の２つの価値に比較して意識の対象とすることが難しく，ほとんど注目されず，日本は，そのような文化的側面が価値として認められてこなかった歴史をもつ。しかしながら，今後の社会にとっては極めて重要な意味をもち，これからのものづくりや豊かな日本の創出にとって，この第３の価値は，重要な意義をもつと考えられる。また，失ってはならない重要な要素である。

　今後の新たな時代に必要とされるのは，物事について３つの視点から思考できる能力をもつことであり，特に第３の視点について思考する能力をもつことであると考える。今後の教育においても育成が強く望まれる重要な視点である。本論の展開においても中心的な課題の１つであり，特に「文化的思考能力」と呼ぶことにしたい。

（6）住文化にみる文化について

　以下には，本論における中心的な課題である文化について考えるために，日本家屋の床の間を例にして簡単に説明したい。

　床の間は，日本で成立して発達した極めて日本的な空間であり，典型的な日本の住文化の１つである。近年の学生は床の間を知らない者も少なくないが，30代以上の日本人にとっては，誰もが知っている特別な意味をもつと考えられる。

　床の間は，多くの人が知るように，客間の設えとして客間に付属する住設備であり，床飾りとも呼ばれる。床框，床柱，落し掛けなどで構成され，違い棚，書院と共に床構えを構成する。中世の室町時代に押板から床の間が，戸棚から違い棚が，出文机（だしふづくえ）から書院が誕生し，江戸の中期になってこれらの床構えである3点が揃って客間に付属するようになった。床構えは，鎌倉時代から日本に大量に輸入された仏具や掛け軸，工芸品などを飾るための設えとして造られ，客をもてなすために客間に付けられ，昭和の戦前期までは，多くの日本人が床の間付きの住宅への居住を望んでいた。

　床の間が日本の家屋にとって，また日本の文化を考える上で重要なのは，床の間を置くことによってその部屋の空間に秩序が生まれることである。床の間があることによって，その部屋に上下（かみしも）の秩序が発生し，床の間のある方向が上となる。この上下によって，善し悪しは別として，人の序列によって部屋内での着座の順序が決まって来る。この秩序は家全体にも影響し，床の間のある部屋が家全体においても上となり，その他の部屋が下となる。床の間のある座敷に次の間が付けられ，続き間座敷の形式も生まれた。

　さて，この床の間による上下を決める部屋の秩序は，学校教育で習う訳ではないが，ほとんどの日本人が理解をしていた。日本人は床の間をある意味，神聖な場所と認識し，床の間のある方向を上座として認識していた。この上下の秩序は，現在でもある年齢以上の日本人にとっては極めて重要な意味をもち，人間関係の上で犯すべからざる約束事であるといえる。これに反する行為は極めて礼を失する行為と認識され，一般的には避けられるべき行為であるとされる。

　日本人の誰もが認知する秩序であるが，日本人以外にはこの秩序は理解されず，極めて日本的な考えであるといえる。戦後の日本にGHQ（占領軍）が入ってきて日本に駐留し，日本の主立った住宅を接収して住み，その後，日本に返還されたが，多くの建物で改造が行われていることが分かった。日本人には考えられないが，床の間が便所や浴室に変更されていた。日本人であれば，借用した家でこのような改築をすることはあり得ないだろう。

　また，この約束事は，どこかで習うわけでもないのに，生活の中で無意識に

獲得し，その後の考え方や行動を規定するものとなる。これが文化の重要な側面であると考えられる。住宅における人間と住設備や人間相互の約束事が住文化を形成していると考えられる。これらの住文化は学校教育で習うものではない。体験を通して無意識の内に獲得されるものである。床の間に関する住文化も床の間がなければその空間を体験できない。したがって，歴史的な空間を単なる文字や写真で残すのではなく，空間として残さなければその文化的意味を引き継げないと考える。もしそれを失えば，日本文化の一部を失うこととなる。文化財（建造物）の存在意義もそこにあると考える。

（7）文化と文化財

　さて，以上説明してきたように，文化財保護が目的としている国民の文化的向上は，文化財に接することによって，芸術と同じように，感動を通してそこに表現された作者の精神にふれ，自らの精神の向上を図ることであると考えられる。文化財に接することは，その意味に接することでもあり，意味について思考する事でもある。文化は無意識に獲得され無意識に表現されるが，文化財の意義は，無意識ではなく，文化的な意味について思考する機会をうみ出すことにあると考える。文化財に接し，文化の思考を通して第3の視点である文化的要素の思考能力を育成し，思考パターンの基本的変革によって，初めて思考の奥にある精神の変革が可能になると考える。すなわち，精神的向上，高度な精神性の獲得は意識改革を伴うと考えられる。意識改革によって，日本人としての基本的価値観の形成，自信やアイデンティティーの確立などを通して精神的向上（人格の形成）が成されると考えられる。文化財はそのような役割を担っていると考える。

　さて，文化がどのように人間と関係し，人間に働きかけるかを考える時，先のチョムスキーの言語モデルが参考になる。言語の生成における深層構造にある精神と習得的な変換機能の関係である。文化の生成においても，床の間における住文化の成り立ちで説明したように，人は住空間における秩序を経験により無意識の内に取り込み，その秩序が生活上の人間関係において無意識に表現され機能することは，言語の構造と極めてよく似ている。床の間における秩序

は住文化の１つと考えられ，住文化は，言語と同じように，無意識の内に人によって獲得され，人の深層構造に取り込まれ，精神に蓄積されると考えられる。人間は，言語能力と同じように，無意識の内に文化を取り入れる能力をもって生まれてくると考えられる。文化や空間的秩序は，どこでも同じように精神に蓄積されるが，それぞれの地域における異なった社会状況や環境によって異なった仕方で取り入れられ，生活上に現れ機能すると考えられる。すなわち地域によって文化の獲得と表現の仕方が異なると考えられる。これも言語と同じである。

　また，文化は，先の３つの視点で説明したように，人と物，人と人とが相互依存した特徴をもつ。決して一人で生きることによって文化ができることはない。複数の人間の間につくられた約束事で，双方が保持していることが前提である。つまり，文化の存在と存続には，複数の相互の存在が必要で，相互に依存した共生関係が必要となる。あなたがいなければ私が成り立たない関係であるといえる。つまり，文化の蓄積には，他人の存在が不可欠であり，複数の精神に同時に蓄積されることが考えられる。その蓄積される方法も，先に指摘したように地域で異なり，個人差も考えられ，同時に同じ内容が蓄積されるとは限らない。それにも関わらず，複数の個人に同一性をもつ文化が機能するのは，精神への無意識な働きかけが繰り返され，その度に相互依存的な調整が行われるためと考えられる。いずれにしても，文化の諸相としては無意識の共生関係が認められると考える。

５．文化財の創造的活用

（１）本来の活用について

　これまでの一般的な活用は，先に記したように文化財建造物の用途変更による緊急避難的な活用で，本来の活用は更に重要な意味があると考えられる。これまで検討して来たように，文化財保護の主たる目的が国民の文化的向上であり，そのための保存，活用だとすると，活用の本来の目的は，文化的向上として考えられた国民の高度な精神性の獲得であり，人格の形成や日本人としての

自信やアイデンティティー，後に説明する人間の美徳などの「人間徳性」(p.36)
の獲得であると考えられる。本来の活用は人間の精神に影響を及ぼし，人を創
るための活用であると考えられる。先の一般的な緊急避難的な活用と区別する
ために，そのようなひとづくりを目的とした活用を特に「文化財の創造的活用」
と呼ぶことにしたい [14]。

（2）文化財の創造的活用とは

　文化財の創造的活用とは「文化財を通して文化の理解を深め，意識改革等に
よる人の精神的な向上，高度な精神性の獲得，「人間徳性」の強化などを通した
人格形成（ひとづくり）を目的として，文化財を創造的に活用すること」としたい。
一言でいえば「ひとづくり」を目的にして文化財を創造的に活用することであ
るといえる。人間の最も価値ある高度な創造は人間の創造であろう。人間が何
かをつくる行為の中で最も価値があり意味があるのは，教育による人間の創造
だと考える。特に，先に３つの視点で説明した（4節（5）参照）文化の思想の
教育が重要であると考える。文化財の創造的活用である「ひとづくり」は文化
財保護の思想から必然的に導かれるものである。

（3）創造的活用の要件

　では，文化財の創造的活用の要件とは何か。どのような思想を構築し，もた
なければならないか。以下は試論であるが，これまでの文化思想の検討から考
えられることについて簡単に説明したい。
　これまで記してきたように，人間の最も崇高な創造とは「ひとづくり」であ
ると考えた。別していえば人格形成，人間育成，人間教育ともいえよう。文化
的視点の重要性についても前に記したが，その人間教育のなかで特に今後の社
会にとって重要なのは，「文化的思考能力」の育成であると考える。文化的思考
とは，人と物，人と人との間に築かれた秩序や関係を考えることであり，物や
人を単独で考えることではなく，人間（自己）と環境についての高度な関係の理
解であると考える。それは個々の存在を別々に思考する方法ではなく，関係を
考える思考法である。特に重要なのは，関係性を思考する延長線上に相互依存

の思想，共生の思想をもつことである。文化的思考の必要条件として，他者との共生を考え，人間（他者）を大切にする思想の構築があると考える。あえて付け加えれば，共生の思想における他者への行為は決して他者のみに向かうものではない。共生という意味から考えれば自らに向かう行為でもある[15]。また，それは人と物との関係に対しても同様であり，客観的な物の世界もその対象の例外ではない。その関係は，単なる共生ではなく，新たな人と人，人と物の創造的関係であることが望まれ，価値創造的な共生思想の構築でなくてはならないと考える。文化財の創造的活用による文化の理解を通して，人と人，物と人間の関係の高度な理解を可能とし，文化や文化財を起点とした意識改革による価値創造的な共生思想の構築が重要な要件になると考える。

物と人の間にある相互依存した関係は，主客の両義性をもった関係で，近年「身体性」とも呼ばれ，一般にも広く使われるようになった。文化を考える上で極めて重要な概念であり，文化の理解に欠かせないと考えられる。文化の思想を構成する基本的概念の1つと考えられ，創造的活用においても理解が必要である。

また，文化の理解による「ひとづくり」は，コミュニティの中で，個性（個別性）を失わない「芸術的普遍性」が望まれ，コミュニティにおいては常に組織的に活動することが必要となるが，日々の活動のなかで，個々人を輝かせ，個々人の存在性を失わない，高い理想と目的をもった活動でありたい。これも創造的活用の要件としたい。

また，文化は意味としては，一言で表現できない複雑で抽象的な概念をもつと考えられるが，文化そのものは現実の世界に展開するもので，常に地域のなかで，一定の場所のなかで意味をもつ。個々の文化の存在は決して抽象的ではない。人間は環境と時間（歴史）のなかに生きるものである。創造的活用は現実という地域のなかで行われる「ひとづくり」であり，常に地域性をもつことも要件の1つと考えられ，人と地域の関係の強化を志向しなければならない。

創造的活用の要件は，以上のような高度な思想性をもち，しかも常に何のためという規範性をしっかりもつことが必要不可欠であろう。以上のこれらの要件について考える能力をもつことが先に提案した「文化的思考能力」の獲得で

もある。

（4）「創造的活用」と本物

　人間を創るための創造的活用であり，故に文化財の活用は本物によらなければならない。偽物で人を創るべきではない。ヨーロッパを中心とする海外では本物と同じような意味でオーセンティシティ（authenticity）という語が使われる。真実性，真正性などと訳されているが，分かりにくい。日本語の本物の方が日本人にはわかりやすいし，本物には一定の域を超えて価値が高いという意味も含まれ，文化財にとってはよりふさわしいと考える。故に，文化財の保存修理においては，本物を継承する修理でなければならない。勝手に本来の文化財と異なる形式や材料としてはならない。これらの点は，保護法にも現状変更の規制として明確に示されているし，世界遺産条約にも詳しく述べられている[16]。

　本物を継承しなければならない理由を，正しい歴史を後世に伝えるためとする考え方もある。西洋のオーセンティシティという考えはそのような考え方から出てきたのだと思う。真実の歴史を後世に伝えるために文化財，文化遺産があるとする考え方だろう。その考え方は間違いではない。しかし，今後の世の中が考えなくてはならないのは，文化財は単に歴史を伝えるために存在するものではない。これまでに説明したように，保護法における文化財の活用を考えた時，文化財保護は1つの思想として日本国民に対して更なる重要な役割がある。それが「文化的思考能力」を伴う「ひとづくり」である。文化財がそのような創造的活用を目指すべきであるとすると，文化財は，一切の可能な限りの不透明性を排除して，本物によってこれからの未来を担う子供達を育てるべきと考えるのは当然であろう。そのために文化財は本物でなければならない。

　文化財の場合，この本物の概念がどこかに存在するものではない。歴史がそうであるように，過去の歴史的真実は，どんなに努力しても絶対的な真実であると言い切ることはできない。歴史的真実について具体的な姿がすべて描けるものではない。言い方を替えれば，歴史も我々の創造したものである。同様に，その時代の最大限の理性を集中させて，その時代の人々が，何が本物なのかを考えなくてはならない。また，修理においては常に100パーセントの元の姿に

戻せるわけではない。この点においても，本物とは何かをその時代の人々が自ら思索するしかない。ただいずれにしても，文化財に関わる者として，常に本物を求める意志と思想をもたなくてはならないといえる。

6．災害復興のレジリエンスと PTG（心的外傷後成長）

　これまで筆者の考える文化財保護の思想について説明をしてきた。以下の節では，災害復興における「観光」の可能性について考えたい。特に，文化財がそのために何ができるのかについて考え，創造的災害復興の提言としたい。この考え方は，災害復興を，単にハードの脆弱性の修正による安心や安全の追求とするだけではなく，災害をポジティブに利用したレジリエンス及びそれによる人間の成長について考え，文化財保護の思想を参考に，創造的災害復興を考え，人間相互の関係及び物と人間の関係の再構築を追求しようとするものである。本節では，人生をポジティブに考える必要性を説く学説について紹介し，レジリエンスや PTG（心的外傷後成長）による人間の精神的な成長について考えたい。

（1）ポジティブ心理学について

　ポジティブ心理学は，1998 年に発議され，心理学においても比較的新しい概念である。ポジティブ心理学の創始者の一人であるクリストファー・ピーターソンによれば，ポジティブ心理学とは「人間の弱さと同じくらい強さに注目し，最悪のものを修復するのと同じくらい最高のものを築き上げることに関心を持ち，苦悩のどん底にある人の心の傷を癒やそうとするのと同じくらい健康な人の人生を充実したものにすることに注意を向け」（ピーターソン，2012：6）ることを提唱するものであるとし，「生きる意味と目的を探求する心理学」（同：7）であるとする。「何が人生を生きる価値のあるものにするのか」（同：8）を追求するものであり，単なる人間の幸福に関する学問ではない。「ポジティブ心理学は，幸福学の範ちゅうを超えたものなのだ」（同：10）とし，幸福を超えた「ウェルビーイング」を追求する学問であるとする。

　「ウェルビーイング」については，ポジティブ心理学の最初の命名者であるマーティン・セグリマンによって詳しく説明される。「ポジティブ心理学のテーマは「ウェルビーイング」だ」(セグリマン，2014:27) とし，「ポジティブ心理学の目標は‥ウェルビーイングを測定する判断基準である‥持続的幸福度を増大することだ」(同：27) という。そして，ウェルビーイングの構成要素を「ポジティブ感情」「エンゲージメント」「意味・意義」，ポジティブな「関係性」「達成」の五つだとする (同:33)。それぞれ「快の人生」「充実した人生」「有意義な人生」「他者との人生 [17]」「達成 (成功) の人生」とされる。更に充実した人生とは「フロー状態を得ることを目的とする生き方」(同:25) であるとする [18]。「人生の選択は，これらの五つの要素すべてを最大化することで決まる」(同：50) という。また，「ウェルビーイング理論におけるポジティブ心理学の目標は，・・・自分の人生と地球上の持続的幸福の量を増やすこと」(同:53) にあり，「個人の持続的幸福」を実現するためには「基本的特徴」のすべてと，6つの「付加的特徴」のうち3つを備えていなければならないとする。「基本的特徴」とは「ポジティブ感情」「エンゲージメント」「興味関心」「意味・意義」「目的」であるとし，「付加的特徴」は「自尊心 (自尊感情)」「楽観性」「レジリエンス」「活力」「自己決定感」「ポジティブな関係性」であるとする。

　以上がポジティブ心理学の概要である。ここからわれわれが学べるものは，ポジティブ心理学が，幸せのウェルビーイングの概念を考案し，人間の人生を充実したものにする方法を理論的に研究し，科学的な研究方法を導入したことは勿論であるが，ポジティブ心理学が，先のクリストファー・ピーターソンの説明にあるように，それまでの心理学が主として追究してきた「何が悪いのか」でなく，「何が良いのか」を意識的に研究してきたことである。ポジティブの本来の意味がここにあると考えられるが，苦悩のどん底にある人は勿論であるが，健康な人を含めて，人間が生きる意味を探求し，何をもって生きる価値あるものにするのかを研究した学問であることが分かる。そして，ポジティブ心理学の目標であるウェルビーイングが人生における持続的幸福の確立にあり，そのための条件について学問的に分析され説明がなされている。

　以下には，先の2人のポジティブ心理学の研究者が特に注目するフロー体験

について簡単に検討しておきたい。

（2）フロー現象について

　フロー現象研究の第一人者である M・チクセントミハイは，フローについて以下のように説明する。「目標が明確で，迅速なフィードバック（自分が正しい動きをしているかどうかの確認）があり，そしてスキル（技術）とチャレンジ（挑戦）のバランスが取れたぎりぎりのところで活動している時」（チクセントミハイ，2010：ⅲ）「行動をコントロールできているという感覚を得，世界に全面的に一体化していると感じる」（同：ⅲ）「この体験の特別な状態を「フロー」と呼ぶことにした」（同：ⅲ）としている。また，セグリマンは，「人は，自分の最高の強みが，目の前に現れる最高の挑戦課題とかみ合う時にフロー状態となる」（セグリマン，2014：49）「自分の最高の強みや才能を発揮しなければフローの世界に与かることはできない」（同：26）としている。

　被災という最悪の条件下で，復興を遂げようとすることはそれだけでも大きな挑戦課題となると考えられるが，本稿が目的とするように，復興によって最悪の条件下を抜け出し，さらに災害前の状況をはるかに超えて成長しようとすることは，極めて大きな挑戦課題となるだろう。文化の思想を反映した「本来の観光」を構築することによって，目の前に広がる惨状を克服できるとすれば，それはウェルビーイングの構成要素を十分に満足するものであり，フロー体験に至る可能性は十分にあると考えられる。この点については後に詳しく検討したい。

　チクセントミハイは最悪の条件下について，次のように考えることを提案している。「痛ましい出来事は，心理的エネルギーを注げば注ぐほど，現実味を増し，それだけ多くのエントロピー（混乱，筆者付加）が意識にもたらされる。そうした出来事を，否定し，抑制し，ごまかしたとしても，なんの解決にもならない。そうした悲しい出来事の情報は，心の奥でくすぶり続け，情報が大きく広がらないように押しとどめている心理的エネルギーさえも枯れさせてしまうだろう。むしろ苦しみを直視し，その存在を理解し，尊重して，できるだけ早く，自分で集中することを選んだ事項に注意を向けて忙しくしてしまう方がよい（チクセントミハイ，2010：183）」[19]。彼もまたポジティブ心理学の研究者の一人であ

る。意を決して，いち早く最悪の条件下を抜け出し，人生の質を高めることに
努力することを薦めている。

（3）PTG（心的外傷後成長）について

　災害復興を考えるに当たって，もう１つの参考になる研究はPTG（Posttraumatic
Growth心的外傷後成長）と呼ばれるものである。この研究はアメリカの1960年代以
降のベトナム戦争後の帰還兵の問題としてPTSD（Posttraumatic Stress Disorder心
的外傷後ストレス障害）に関心が高まり，その後1980年代にPTGの研究が始まっ
たとされる[20]。PTGは，死を身近に感じるような過酷な体験のあとで，それを
乗り越えて精神的に成長を遂げる現象のことで，かなりの率でPTSDを発症す
るが，その後PTGに至ることもあるという。アメリカでは既にPTGについて研
究が蓄積され，ハンドブックが作られ，戦争や災害による具体的な状況におけ
るPTGが議論され，外傷体験からいかにしてPTGに至るかの包括的なモデルが
作られるまでになっている。特にPTGI（Posttraumatic Growth Inventory心的外傷
後成長尺度）と呼ばれる尺度が使われ，下記のような項目の獲得の確認によって
PTGが判断されている[21]。

　①　「他者との関係」（他者への思いやり）
　②　「新たな可能性」（自分の人生への新たな希望）
　③　「人間としての強さ」（自分の人間としての自信）
　④　「精神性的（スピリチュアル）変容」（人間を超えたものに対する理解，宗教的
　　　精神の獲得）
　⑤　「人生に対する感謝」（自分の命や毎日を大切にする感謝の気持ち）

　そして，人間が生きるための「強みとしての徳性と美徳」が追求され，具体
的に「よい生き方について語る語彙」と「よい生き方を構成する諸要素」が調
査研究の対象とされる（セグリマン，2014：144）。徳性と美徳が，人間が生きる
ための強みとなるのであれば，これらは「生きる力を強化する」役割をもつと
考えても良いだろう。その結果，美徳の核となる語として「知恵」「勇気」「人

間性」「正義」「節制」「超越性」という 6 つの語が抽出される。さらにより具体的な言葉としてこれら 6 つの下に下記の 24 の強みをさらに分類している。これら分類された人間の徳性や美徳を，以下「人間徳性」と呼ぶこととしたい。

① 知恵：創造性，好奇心，向学心，柔軟性，大局観
② 勇気：誠実さ，勇敢さ，忍耐力，熱意
③ 人間性：親切心，愛情，社会的知能
④ 正義：公平さ，リーダーシップ，チームワーク
⑤ 節制：寛容さ，慎み深さ，思慮深さ，自己調整
⑥ 超越性：審美眼，感謝，希望，ユーモア，宗教性（スピリチュアリティ）

　これらを説明する余裕がないが，ポジティブ心理学を中心にレジリエンスと PTG（心的外傷後成長）に関する組織的研究が行われ，心理学において，これまで科学的研究としては相応しくないと思われた「生きる意味と目的」「人生の生きる価値」を探求する学問として着実に成果を上げてきたことが確認できる。人間の行動や精神的な分析により，生きる意味・目的・価値に到達するために必要とされる様々な語彙と構成要素が分析され抽出された。特に人間の美徳や徳性に関する語彙はレジリエンスと PTG（心的外傷後成長）を果たすための基礎的要件となり，今後は多くの分野で活用されるべきものと考える。また，この学問によって，我々の前にある課題に常にポジティブに対処する努力が必要で，人生そのものについて考える必要性も学ぶことができる。

　ポジティブ心理学の目的は，レジリエンスによる精神的回復であり，この PTG のような精神的成長（人間的成長）であることは間違いないが，先の語彙の 1 つ 1 つの意義を人生に表現すること，つまり，人間が本来もっているまたはもつことができる人の生きる力を強化する「人間徳性」を獲得することを通して，達成されるものであろう。先のクリストファー・ピーターソンによれば，「ポジティブ心理学の関心対象が，最も厄介な問題を阻止することとは対照的に，人間における最も優れた部分を促進することにある」（ピーターソン，2012：143）とされる。「最も優れた部分」とは人間の生きる力の促進を果たす部分で

あり，「人間徳性」が蓄積される場であると考えられる。別していえば，先に取り上げた精神であると考えられる。この人間の徳性や美徳の主なものは精神に蓄積され，精神を変え，人間を変革する役割を果たし，PTGがなされるものと考えられる。

7．文化財と観光を活かした「創造的災害復興」

（1）レジリエンスとPTGの「場」としての観光と文化財

　上記において，災害復興においてレジリエンスの力をもってPTGへ至る可能性について記してきたが，それらが精神的な回復であり成長であるとすると，ただ単にそれを意識するだけでそれが実現する訳ではない。災害の被災地域には被災して破壊された町と打ち拉がれた人の心が残されている。フィジカルな町の復興とメンタルな人の心の回復と成長が望まれる。それをポジティブな思考によって実現し，回復と成長が可能な実際の場と計画が必要である。また，復興は個人では不可能であり，多くの人の協力が必要で，災害以前には知らない他人との協力が必要である。従って，多くの人が多様な目的をもって関われる場が必要である。本稿はその場として観光を考え利用することを提案するものである。

　観光は，人を新たな世界にふれさせる有形無形の蓄積された手段をもつ。交通手段や宿泊施設は勿論であるが，人的な人の配置や連携の仕組みなど，無数の手段が蓄積されている。文化財行政の中には未だみられない，文化財を物理的に活用することのできるシステムが用意されている。そのシステムを文化財の活用に利用することは文化財保護にとっても有意義なことである。

　但し，現在の観光は，先に指摘したように経済的な側面が強すぎて，誰もが納得のいく思想的充実が不十分である。そこに確固たる思想性と規範性がなければならないが，マスツーリズムなどの一般的な観光にはその検討がほとんどみられない。ましてやここで筆者が提案する「観光」による災害復興をレジリエンスやPTGによって成し遂げようとするとき，先に紹介してきたようなウェルビーイングの構成要素やフロー体験に至る体制やシステムが確保されていることはない。

その観光には多くの人が共通して認める目的が必要となる。安易な目的しか持たない組織は，多くの人を糾合できないし，長続きしない。そこで，本稿の冒頭で述べた「本来の観光」を考え，さらにそれに思想性と規範性を付与するために，有形無形の文化財を活用し，文化財保護の思想を反映した「本来の観光」を提案するものである。「本来の観光」は文化財の保護と一部共通する目的をもつと考えられ，「観光」の現場を，「ひとづくり」の場とし，「文化財の創造的活用」が実現できる新たな地域創造の場として考えるものである。そこでは文化に関わる高度な思想性に裏付けられた明確な目的をもった新たなコミュニティが生まれる可能性が考えられ，人と文化財との新たな創造的関係が生まれることも予想され，人と人，人と物の新たな関係の構築が可能であると考えられる。

　この関係の構築は，災害があって初めて始めるものだけではなく，災害前から構築することが可能である。災害後と比較してレジリエンスやPTGに至ることはないが，人間的成長は災害後にしかできない訳ではなく，「文化財の創造的活用」及び後に記す「創造的観光」は，その意志をもてばいつでも可能である。再度の災害に備えることも考えて，被災後も恒常的に続けられるべきと考える。

　文化財保護の思想を反映した「観光」は，決して外部から押しつけられるものではなく，当事者であるコミュニティが自ら考え行動するものであり，内部に明確な思想性と規範性をもった自らが実行する「内発的観光」でなくてはならない。また，先の「文化財の創造的活用」において指摘したように，「文化的思考能力」をもった，人間の意識改革や成長による「ひとづくり」でなくてはならない。そのような「観光」を「創造的観光」と呼ぶことも可能であろう。そのような「観光」によって，目の前に広がる惨状を克服できるとすれば，それはウェルビーイングの構成要素を十分に満足するものと考えられ，レジリエンスとPTGが可能になると考えられる。このように災害をポジティブに考えて利用しレジリエンスを果たし，心的外傷後成長を可能にし，「文化的思考能力」をもった人間的成長を果たすことを「創造的災害復興」と呼ぶことにしたい。

（2）創造的災害復興の要件

　観光が，文化財保護の思想から学ぶ最大の意味のある点は，その目的である

と考える。観光と「観光」の違いは，中心となる目的を何に設定するかである。これまで記したように，文化財保護の思想からは文化財による「ひとづくり」が目的として導かれ，その目的で文化財を活用した「文化財の創造的活用」が必要であることについて説明してきた。人間の精神についても分析し，「ひとづくり」は人間の意識改革による精神の変革であると考えた。では，いかなる精神の変革なのか。「ひとづくり」に必要とされる思想内容については，前に「創造的活用の要件」（5節（3）参照）として検討した。その内容がそのまま「創造的災害復興」の要件にもなり得ると考えられるが，以下には，さらにポジティブ心理学の研究成果から考えられる要件について記すことにしたい。

　まず考えられるのは，ウェルビーイングとは「よい生き方」の模索であり，新たに前向きに生きる生き方であり，レジリエンスは精神的回復と訳されるが，別の言い方をすれば精神的な「生きる力の強化」であるともいえる。ポジティブ心理学が，単なる幸福の追求ではなく，持続的幸福であることを考えれば，「生きる力の持続的強化」が必要なのは容易に理解できるだろう。そして，人が他者の精神力を強化するとき，ウェルビーイングの考え方からすれば，単に個人が強化されるだけでなく，PTGI（心的外傷後成長尺度）の項目にもあったように（6節（3）参照），自らも含めて，自他共に生き甲斐を感じ成長を果たすことが重要である。従って，創造的災害復興の要件として，「生きる力の持続的相互強化」があると考える。

　PTGの分析においては，人間が生きるための「強みとしての徳性と美徳」が追求され，それは「生きる力を強化」する「人間徳性」であると考えられた。従って，創造的災害復興の要件としてもその徳性と美徳の獲得が当然挙げられる。美徳の核となる「知恵」「勇気」「人間性」「正義」「節制」「超越性」などの人間が本来もつべき，またもつことのできる「人間徳性」の強化がその要件として挙げられるだろう。別していえば，徳性が強化された人間性の獲得が望まれるといえる。

　ポジティブ心理学で追求された新たな重要な概念として「フロー体験」が挙げられた。そこに至る方法としてポジティブな思考によるウェルビーイングの生き方や「人間徳性」の強化が必要とされ，それらを強化する過程において，

フロー体験は得られると考えられた。人生における「最も困難と思える最高の挑戦課題」に挑み,「自分のもつ最高の力が発揮」された時にフロー状態になるとされる。それに挑戦するには強い意志と覚悟が必要であると考えられるが,筆者は,そのための支えとなる高度な思想性と規範性を備えた「文化的思考能力」がその後押しをすると考え,最後に再度この能力の獲得を要件として強調しておきたい。

(3) 創造的災害復興のための文化財の要件

以上検討してきた内容から,創造的災害復興のための観光に使われる文化財の必要要件として,下記の項目が考えられる。簡単に説明を付してまとめとしたい。

① 文化財の法的保護措置(文化財の指定,登録の推進がなされていること)

② 住民主体の文化財(文化財保護の思想をもち,保護に主体的に取り組むこと)

③ 保存会の設立(文化を学び考える地域体制としての保存会があること,対話を重視した組織であること)

④ 本物の保存(本物を継承する哲学,体制,技術があること)

⑤ 専門家の応援体制(文化財専門家等の協力体制があること)

⑥ 思想性と規範性の確立(恒常的な高度な目的と理由(何のために)を明確にもつこと)

⑦ 文化財の創造的活用(文化財保護の目的をひとづくりとし,ウェルビーイングの人生を求めたポジティブな思考による「人間徳性」の強化,生きる力の持続的相互強化などの文化的思考能力の育成であること)

⑧ 地域社会の関係強化(行政や他組織との協力体制が強化されること)

⑨ 社会への発信(機関誌の発行など常に社会に発信していること)

⑩ 構造的安全性の確保(構造物の安全性を常に考えること)

⑪ 内発的観光(自らの意志により自ら実行する観光であること)

【注】

1） 観光とはごく一般的には「人々が気晴らしや休息ならびに見聞を広めるために，日常生活
では体験不可能な文化や自然に接する余暇行動である」（『日本大百科全書（ニッポニカ）』），
「風俗，制度等を視察すること。また，他国，他郷の景色，史跡，風物などを遊覧すること。
観風。」（『精選版 日本国語大辞典』）と説明されている。

2） 我が国において文化財建造物の保存が始まったのは，明治30年の「古社寺保存法」からと
考えられ，「特別保護建造物」を指定し保護（保存）するようになった。

3） 筆者は文化庁に所属し，建造物分野の選定保存技術の担当官となった経験をもち，国の選
定保存技術の保持者に認定される大工などの職人に，作品を生み出す強い精神力を感じ，
自分をコントロールする能力を含めて，堅固な精神をもっていると感じさせられることが
多々あった。職人の育成のための方法について考えるきっかけにもなった。

4） ガブリエル（2018）。同書の下記の文章が参考になる。「芸術の意味は，私達を意味に直面さ
せることにあります」（ガブリエル，2018：245）。「芸術は，対象を現象させるだけではありま
せん。その意味をも，ともに現象させます。これによって芸術が示すのは，およそ対象は
常に何らかの意味の場の中でしか現象できない，ということに他なりません。」（同：251）「芸
術は，私たちを純粋な意味に直面させてくれます。」（同：255）

5） 勿論，芸術は娯楽という側面をもつが，ここでは単なる享楽を得ることとは異なる面につ
いて考えたい。筆者の経験によれば，娯楽としての芸術の鑑賞は一瞬の感覚によるもので，
気分転換であったりして疲れを伴わないが，意味としての芸術の鑑賞においては強い疲労
感を伴うことがしばしばあった。

6） 「芸術作品において，私たちは対象だけを見るのではありません。常に自らの意味とともに
現象する対象を見るのです。およそ芸術作品は，反省的な意味の場に他なりません。」（ガ
ブリエル，2018：264）を参考とした。

7） 本論は，当然ではあるが，いわゆる精神論によって物事の解決方法を見出そうとするもの
ではない。また，精神と身体を分離して考える，デカルト的な二元論による考え方を示す
ものでもない。十分に説明する余裕がないが，私は精神を，身体的経験を蓄積し，またそ
こから発信する役割を担う場として考えている。この点をあえて確認しておきたい。

8） 『世界大百科事典　第2版』参照。「〈心〉と同じ意味にも用いられるが，心が主観的・情緒
的で個人の内面にとどまるのに対し，〈精神〉は知性や理念に支えられる高次の心の働きで，
個人を超える意味をはらみ，〈民族精神〉〈時代精神〉などと普遍化される。」

9） キルケゴール（1996）参照。「人間は精神である。精神とは何であるか？　精神とは自己で
ある。しかし，自己とは何であるか？　自己とは，ひとつの関係，その関係それ自身に関
係する関係である。あるいは，その関係において，その関係がそれ自身に関係するという
こと，そのことである。自己とは関係そのものではなくして，関係がそれ自身に関係する
ということなのである。」（キルケゴール，1996：27）

10） ガブリエル（2018）の以下の文章を参照。「精神は，考えること－－何について考えるので
あれ－－以上のものなのです。私たちは，まるで自分が他人であるかのように，私たち自
身に関係している。この状況こそが，精神に他なりません。」（ガブリエル，2018：232）「人間
の心のスペクトルは，いわゆる感情よりもずっと豊かなものです。深い自己不信にせよ，
固い自己確信にせよ，単に怒りや喜びなどの感情に尽きるものではなく，精神の表現にほ

かありません。」(同：233)

11) チョムスキーの言語理論は既に大きく進展しているが，田中（1993）などを参考として，過去に筆者が理解した内容である。

12) 精神は，意識の深層にあって，筆者はさらに階層があると考えるが，ここでは複雑となるので説明を省く。

13) この３つの視点についてはすでに発表したことがある（江面，1979, 2006）。また，モース（1976）にも物理的，心理的，社会的などの３重の視点の必要性が指摘され（「第６部　身体技法」参照），分類の仕方についてはほぼ同様と思われる。

14) 「創造的」という語についてはベルクソン（2010）を参考にした。

15) 本来，文化は単独では成り立たない。共生のなかでのみ意味をもつ。皮肉なことではあるが，現在（2020年春）世界中に蔓延した新型コロナウイルスは，全世界に共生が必要であることを否応なしに教えてくれている。一国（1人）だけの安全性は不可能である。薬剤等の他国（他者）への援助行為は自国（自分）の安全性の向上への行為でもある。

16) 1994年世界遺産委員会において採択された「オーセンティシティに関する奈良文書」及び「作業指針」などを参考。世界文化遺産については西村・本中編（2017）参照。

17) 文中に明確に書かれていないので，文意を読み取り筆者が作成した。

18) クリストファー・ピーターソンもエンゲージメントは「フローを生み出す活動に従事すること」（ピーターソン，2012：91）としている。

19) この他にも「肉体的苦痛，金銭的損失，社会的不遇」（同：183）などから脱する心の整理について多くの文面を割いて説明すると共に，ニーチェ哲学の主要な「運命愛」という概念について「必然的なものを耐え忍ぶだけでなく，・・・必然的なものを愛すること・・・事物における必然的なものを美と見ることを学ぼうと思う」（同：197）を紹介している。

20) 近藤編（2012）参照。以下PTGについては本書を参照した。

21) 宅（2012：173）。括弧内は筆者付加。

（参考文献・資料）

江面嗣人（1979）：「もう一つの建築史」『歴史的街区の再評価と近代都市及び建築の変革』昭和54年度日本建築学会秋季大会研究協議会資料

江面嗣人（2006）：「文化財の創造的活用と伝統的建造物群保存地区における観光（普遍的内発性及び三つの次元からみた文化財の活用と観光）」『文化遺産マネージメントとツーリズムの持続的関係構築に関する研究』国立民俗学博物館調査報告

近藤　卓編著（2012）：『PTG心的外傷後成長—トラウマを超えて』金子書房

西村幸夫・本中　眞編（2017）：『世界文化遺産の思想』東京大学出版会

太田博太郎（1989）：『日本建築史序説（増補第2版）』彰国社

宅香菜子（2012）：「アメリカにおけるPTG研究」近藤卓編著『PTG心的外傷後成長—トラウマを超えて』金子書房

田中克彦（1993）：『言語学とは何か』岩波新書

ベルクソン（2010）：『創造的進化』筑摩書房

チクセントミハイ，M（2010）：『フロー体験入門—楽しみと創造の心理学』世界思想社

ガブリエル，マルクス（2018）：『なぜ世界は存在しないのか』講談社選書メチエ

キルケゴール（1996）：『死に至る病』筑摩書房

メルロー・ポンティ（1967）：『知覚の現象学Ⅰ』みすず書房

モース，マルセル（1976）：『社会学と人類学Ⅱ』弘文堂

ピーターソン，クリストファー（2012）：『ポジティブ心理学入門―「よい生き方」を科学的に考える方法』春秋社

セグリマン，マーティン（2014）：『ポジティブ心理学の挑戦―幸福から持続的幸福へ』ディスカバリー・トゥエンティワン

コラム1
Column　震災が契機となった町並み整備：城崎温泉

　城崎温泉は兵庫県北部にあって旧国名では但馬国に属し，10世紀初め
にはすでに「たじまのくにの湯」として登場している。日本海に注ぐ円
山川の河口から約4キロ上流に位置し，三方を山に囲まれた狭小な谷部
の中央を流れる大谿川の両岸に，木造2・3階建の旅館が建ち並んでい
る。ここに湧出する温泉の効能とその風情などを求めて，古くから湯治
客が訪れてきた。近年では日本各地からの観光客に加え，海外からの観
光客の伸びも著しい。しかしながら，この風情ある町並みが，1925年に
起きた北但大震災（北但馬地震）直後の都市計画によって造られたもので
あることを知っている人は少ないだろう。

　1925（大正14）年5月23日午前11時10分頃，円山川河口付近を震源
とするマグニチュード6.8の地震が発生，震度6（当時は最大震度）だった
豊岡町・港村・城崎町（すべて現豊岡市）は被害が甚大で，家屋倒壊に加
え直後に起きた火災によって，城崎町では9割が灰燼に帰した。湯治宿
では昼食の準備をしていたため1階が押しつぶされ，台所からの出火で
瞬く間に全域を焼き尽くしたと言われている。

　焼け野原からの復興には，震災前年に町長に就任した西村佐兵衛の力
が大きい。震災直後に小学校にまず足を運んで児童と職員を励まし，そ
の足で大きく壊れた6つの外湯を見て回って，湧き出す温泉に変化がな
いのを確認した。今でも語り草になっている季節外れのフロックコート
に地下足袋を履き，首からメガホンを下げるという姿で町中を回り，意
気消沈している町民を「城崎町は大丈夫だ。この湯の湧き出る限り，城
崎町は発展する」と奮い立たせたという。合意形成を図るため全町民が
参加できる町民会議は100回近く開催され，外湯は元の場所で再建する
とともに，古くからの町並みをそのまま再現することを決定した。

　まず，それまで頻繁に氾濫していた大谿川を掘り下げて川幅を広げ，
その土砂で地盤を嵩上げた。土留めには同じく地震で崩落した玄武洞の
玄武岩を舟で運んで半割りして石垣状に川護岸として積み上げ，その上
に特殊堤（パラペット）を築いて2基の車道橋と4基の弓形橋（人道橋）を
架けた。火災による犠牲者を多く出した一因とされる狭い道路は直線化
し，駅通りを幅三間（約5.5メートル）から五間半（約10メートル）に，一
の湯から上流は一間半（約2.7メートル）しかなかったのを三間半（約6.4メー
トル）に拡幅した。

　国や県からは，火災による被害が甚大であったことから建物も鉄筋コンクリート（RC 造）で再建するよう指導があったが，温泉地としての景観を守るため木造2・3階建は再建することとし，外湯や町役場，小学校をはじめとする公共建築などを RC 造にした。それでも足りない箇所には，拡幅した通りの片側に RC 造の民間建築を数棟並べて防火帯の役割を持たせるようにした。その際には RC 造の建物を目立たせないように工夫して，木造中心の和風の町並みに作り上げていった。これは，早稲田大学の卒業生であった西村町長が，当時，同大学の教授だった歌舞伎座などの設計で知られる岡田信一郎や，同じく兵庫県芳方郡出身で建築材料学の権威であった吉田享二に復興事業を依頼した成果ではないかと考えられる。現存する設計図などによると桃山様式の一の湯とまんだら湯は岡田の，鉄筋3階建の城崎小学校は吉田による設計である。

　駅を出て賑やかな駅通りをまっすぐに進むと，柳並木に飾られた大谿川と玄武岩の川護岸，川に架かる4基の弓形の太鼓橋が目に入る。その両脇には木造3階建の旅館が建ち並ぶ。一の湯からさらに進むと直線道路の先には大型の木造旅館がゆったりと構えている。この城崎らしい現在の景観は，実に 100 年近く前の町長の力強いリーダーシップと城崎町民の総意による景観保全を重視したまちづくりに支えられ，守り育てられてきたものなのである。

II

「精神的エンジン」としての観光

第3章
災害復興における民俗芸能の役割
―n個の指標を求めて―

1. 精神的な支柱としての民俗芸能

　民俗芸能は地域社会を復興するさい，欠かせない要素の1つとして貢献する可能性を持っている。だが，実際はこうした可能性が発現しない場合も少なからず見られる。それはあくまでも可能性でしかないのである。そうだとしたら，こうした可能性はどのような条件において発現するのだろうか。どのような環境を整備することが求められているのだろうか。本章は東日本大震災が発生した以降，私が民俗芸能支援に奔走してきた体験に依拠しながらも，「体験を経験に昇華させる方法」（橋本，2015：70）を模索する試みとして，民俗芸能が災害復興において重要な役割をはたすことに寄与する諸条件に関して指標をいくつか提示してみたい。

　もちろん指標といっても，「n個の指標を求めて」という副題も示唆しているとおり，便宜的かつ仮説的なものである以上，性急に一般化することは慎まなければならない。また，民俗芸能自体も「開放系の現代社会におけるフロントで複雑化している様態」（橋本，2016e：42）を描き出しており，閉鎖系の地域社会を仮構した上で指標を確定することは視野狭窄を招いてしまいかねない。だが，かつて私は国立民族学博物館の共同研究「災害復興における在来知」を主催したさい，こうしたプロジェクトが「東日本大震災にまつわる個別的な体験を一般的な経験に昇華させて，復興支援の一助として活用する方法を提唱するためにも，必要不可欠な第一歩であると思われる」（橋本，2015：70）と述べていた。とりわけ東日本大震災が発生して10年近くが経過した今日，個人的な体験を一般的な経験に昇華することが求められているはずである。

　私はかつて岩手県内の私立大学で教えており，岩手県文化財保護審議会の委員を務めていた。そして，東日本大震災が発生した以降は，岩手県沿岸部において被災した数多くの民俗芸能団体を支援するため，さまざまな活動に従事してきた。それは岩手県沿岸部の民俗芸能がそもそも地域社会を再生させるさい欠かせない要素の１つであり，そこで生きる人々にとって精神的な支柱として存在している消息に気づかされたことに由来している。岩手県沿岸部の民俗芸能は無形民俗文化財として保存されるというよりも，むしろ人々の生きがいや喜びとして享受されてきた。しかも，地域社会に育まれるものとしてのみならず，地域社会を育むものとしても演じられていた。地域社会を紡ぎ出す契機といってもいいだろう。

　東日本大震災以降に限っていえば，鎮魂や供養という意味が再認識されたことは強調するまでもないだろうが，民俗芸能は地域社会を維持する紐帯としてのみならず，地域社会に入った深く鋭い亀裂を縫い合わせて，傷ついた地域社会を再生させる契機としても演じられているのである。そうだとしたら，地域社会を復興する方策を講じるためにも，民俗芸能が演じられる場を長期的に確保することが要請されている。私は地域文化の見方を革新する視座を提起した論文において，「もしも民俗芸能／郷土芸能が「人びとが情動的結びつきを生成する過程」に貢献するものであり，地域社会を再構築する契機として機能するものだとしたら，民俗芸能／郷土芸能のような地域文化を支援することは地域社会を支援することをも意味するはずである」（橋本，2016e：45）と述べている。

　もちろんこうした事態は岩手県沿岸部において顕著だったとしても，必ずしも一般的な現象として認識されていないはずである。じっさい，大規模災害が発生した以降に民俗芸能が脚光を浴びるような事態は従来ほぼ確認されていないから，東日本大震災に関する特異な現象として扱われてしまうかもしれない。だが，それは大規模災害に対応する有効な手段として働いたという意味において，災害復興における巨大な在来知，つまり災害文化であるということができるだろう。あらためて問うてみたい。民俗芸能はどのような条件において，災害復興における在来知として重要な役割をはたせるのだろうか。そして，民俗芸能が今後こうした役割を担っていけるとしたら，どのような環境を整備する

ことが求められているのだろうか。本章はこうした課題の一端に接近するべく，n個の指標を提示してみたいのである。

2．中間支援の必要性

　パール・バックの『つなみ』は津波によって甚大な被害を受けた日本の漁村における人々を描いた児童文学であるが，長老が被災した子供たちを支援する方法を語っている。長老は「津波の時には，孤児になった子供の世話をするのは，わしのやり方でな。今まで三回津波があった。そのつど，家族を失った女，子供を探し歩いては，食べ物を与え，世話してきておる。それでな，お前の所のジヤの話を聞いて，ジヤにはもっと充分なことをしてやりたいと思っておる。もしジヤが顔立ち同様のよい子なら，あの子をうちの養子にしたいのだが。」という。

　一方，ジヤの父親は「だんな様，ジヤにお目をかけていただいてありがとうございます。わしもジヤが生みの親を亡くした今，あれをうちの養子にと考えておりました。じゃが，わしらはただの水のみ百姓ですし，この家もお屋敷とは比べものにならんし，ジヤを上の学校に行かせるなんぞとんでもありません。明日，ジヤが起きたら，だんな様のご厚意を伝えます。ジヤが自分で決めるでしょう。」（バック，2005：61-62）というのである。長老はジヤの社会的な関係を十分理解した上で，ジヤを支援することを提案している。

　だが，こうした存在は高度経済成長期以降，岩手県沿岸部でもいなくなってしまった。地域社会の内部において支援する存在が機能していない状況は，大規模災害によって被災しても地域社会の外部に接続するチャンネルを持っていないという意味において，専ら地元に暮らす人々の生きがいや喜びとして享受されてきた民俗芸能にとってみれば，きわめて危険だったということができるだろう。すなわち，「外部と接点を持つ重要性が意識されていなかった」（橋本，2015：106）わけである。

　民俗芸能は大規模災害がもたらす非常事態において，外部に接続するチャンネルを持っていないかぎり，人知れず消滅してしまいかねない。じっさい，東

日本大震災によって活動を停止せざるを得なかった団体も少なからず存在していたはずである。パトロンが地域社会の内部にいなくなった今日，民俗芸能も外部において支援する存在に接続する可能性を模索するしかないのだろうか。だが，地域社会の外部において支援する人々は，内部の実情を必ずしもよく理解していなかったりする。だからこそ，両者を仲介する中間支援に従事する組織や個人が，マッチメイカーとして重要な役割をはたすこともできるのである。

　内閣府国民生活局編『中間支援組織の現状と課題に関する調査報告』は中間支援組織を｜多元的社会における共生と協働という目標に向かって，地域社会とNPOの変化やニーズを把握し，人材，資金，情報などの資源提供者とNPOの仲立ちをしたり，また，広義の意味では各種サービスの需要と供給をコーディネートする組織」（内閣府国民生活局編，2002：111）として定義している。今日，中間支援の必要性は様々な分野において認識されており，具体的な活動も活発化している。大規模災害における中間支援も同様であるが，民俗芸能に関していえば専門的かつ局所的な知識が求められるせいだろうか，東日本大震災における民俗芸能の中間支援は文字どおり暗中模索の状態だった。

　とりわけ岩手県沿岸部において岩手県無形民俗文化財に指定されている民俗芸能は僅少であり，市町村にも指定されていない場合が数多い。調査報告すら不十分であり，所在がはっきりしない場合も少なくなかったため，当初はほぼ何もわからない状態が続いていた。無形民俗文化財として扱われていないが，実際は存在している事例を1つずつ把握することはほぼ不可能であり，「行き当たりばったりで，たまたま出会った団体について調べていくしかなかった」（橋本，2015：101）わけである。

　庄子諒は私の『震災と芸能―地域再生の原動力』（橋本，2015）を評した文章において，「私は決定的に，本書で取り上げられている芸能団体が恵まれていると感じるところがある。それは，著者である橋本裕之と出会うことができた，という点である。」という。そして，「いずれの芸能団体についても，著者との出会いが，少なからず被災後の活動を再生していく力につながっていった」ことを強調しながらも，「もちろんそうした支援者との出会いを得るために，SNSを活用したり，あらゆるイベントに足を運んだり，他団体とのネットワークを構

築したりして，アンテナを張り続けることはできる。しかし，とくに地域社会での閉鎖的な活動のなかで，さらに被災した状況下では，そうした出会いは少なからず偶然性に縛られてしまう難しいことであるように思う。助けを求める声は，かならず届くわけではない。」(庄子，2016:54) とも指摘しているのである。

　だが，民俗芸能は消滅してしまったら，災害復興において重要な役割をはたすこともできない。こうした事態を未然に防止するためにも，民俗芸能の中間支援に従事する組織や個人の存在が必要不可欠であるといえるだろう。幸いにも民俗芸能団体に用具や装束を購入する資金を助成することは数多くの助成団体が手がけており，私自身もその大半に関与することによって両者を仲介することができたが，中間支援に従事する組織や個人も活動が長期化していけば，どうしても疲弊してしまうものである。当該の活動を支援する必要性もあわせて強調しておきたい。

3．民俗芸能の保存科学

　私が岩手県沿岸部の民俗芸能を支援する活動にかかわった理由は，被災した民俗芸能が元の姿を取り戻して悦ばしい何かとして再生する可能性を残しているとしたら，その過程を少しでも手伝いたいと思ったことに尽きるだろう。庄子は前述した書評において，「本書では，著者の目に映ってきた数多くの民俗芸能の可能性の物語が描かれている。だからこそ，翻って，あまりにも広大な被災地の至るところにある，著者の目には映らなかった人々の存在，著者に出会えなかった人々の可能性にも，想像を広げることができる。そうした思考が，本書が見据える，非常時のあとで，現実的な地平で民俗芸能を支えていく方法を模索する必要性を，なお一層強く感じさせるのではないだろうか。」(庄子，2016：54) という。

　だが，自分が手がけてきた活動を評価するのはむずかしい。どうしても口ごもってしまう。幸いにも庄子が私の意図を過不足なく汲み取っているので，体験を経験に昇華する方法を模索するためにも，庄子の表現を引用することによって民俗芸能支援に関する基本的な姿勢を提示しておきたい。庄子は「支援には，

人間同士の関わりあいである以上，時間的にも空間的にも，かならずキャパシティが存在する。被災者として「呼びかけ」続けることにも，支援者として「呼びかけ」られ続けることにも，限界がある。もう声をあげることに疲れてしまった人々の，あるいは声を届けることを諦めてしまった人々の，声なき声に耳を傾けようとする想像力は，いまもなお被災者であり続ける人々／支援者であり続ける人々の双方を助けることであり，あらゆる支援をつなげ，広げていくときに欠かせないものであると考える。」(庄子，2016：54) ともいうのである。

　「非常時のあとで，現実的な地平で民俗芸能を支えていく方法」の実際はどのようなものだろうか。大規模災害における民俗芸能支援はいくつかの段階が存在する。第1段階は用具や装束を購入する資金を助成することである。第2段階は用具や装束を保管したり練習したりする空間を確保することである。それは当事者が必要だというものを調達するべく尽力する，受け身の活動だったとも考えられるだろう。たとえば，獅子頭がなければ太神楽は成立しない。虎頭がなければ虎舞は成立しない。鹿頭がなければ鹿踊は成立しない。民俗芸能を構成する基本的な条件が整わなければ，民俗芸能が災害復興において重要な役割をはたすことは期待するべくもないはずである。

　こうした活動を推進するさい最も重要な課題は，依然として十分に支援されていない民俗芸能団体に関する最新の情報を迅速に把握する一方，各種の助成金が描き出す支援事業の全体像を適切に把握した上で，複数の助成金を相互に連携させて望ましい方法で組み合わせることだろう。最もふさわしい助成団体を最もふさわしい民俗芸能団体につないでいくためにも，支援事業のネットワーク化が要請されている。東日本大震災が発生して10年近くが経過した現在でも，その必要性は低下していない。だが，当初こそ数多く見られた助成金の件数は劇的に減少しており，やはり大きな被害を受けながらも諸般の事情によって即座に動けなかった民俗芸能団体がようやく活動を再開させようと思っても，現在その手がかりとして助成金を獲得することは以前よりも難しいのである。

　第3段階は当事者が地元で働ける雇用環境を整備することである。用具や装束そして空間を用意することができたとしても，働き口がなければ地元に住むことはできない。人間がいなくなってしまったら，民俗芸能を続けることもで

きないのである。「人間がやっているわけですから，例えば仏像とか埋蔵文化財とかと違って生きているので，仏像って首がちぎれたら首をつないで，塩漬けになったら脱塩処理をして。カビが生えたら取れば良いだけですから。そのあと仏像を学校にやったり，就職を世話したり，お見合いをさせる必要はないです。だけど人間なのでしないといけない。そういうことをしないと民俗芸能を支える状況を作れないんです。」(橋本，2016d：108)

　現在も諸段階は重層的に同時進行しており，数多くの民俗芸能団体が依然として苦しい状況に置かれている。そして，いくつかの民俗芸能団体は第4段階とでもいうべき方法を講じている。それは当事者が部外者を参加させて民俗芸能を協働することである。こうした動向は第3段階が当事者にも部外者にも手に負えない課題であることを認識しているからこそ，自分たちの身の丈で考えられる方法を模索した結果であるといえそうだが，民俗芸能支援がいわゆる支援という従来の枠組みを脱して，協働という新しい段階に入っていることを示唆しているようにも思われる。くわしく後述したい。

　こうした視座は民俗芸能の保存科学を構想するための，最初の一歩であるともいえるだろう。保存科学は文化財を保存することに貢献する科学であり，一般的に自然科学的な手法を用いて有形の文化財に関する保存処理や修復技術を開発する研究分野を意味している。すなわち，保存科学は保存の自然科学を意味しているのである。一方，無形の文化財に関する保存科学はどう構想することができるだろうか。保存科学を複数化することは可能だろうか。民俗芸能に関する保存の社会科学は可能だろうか。

　かつて私は複数の助成金を相互に連携させて望ましい方法で組み合わせることが保存の社会科学における主要な課題であると考えていた。だが，それは保存の社会科学を構成する局所的な課題でしかない。保存の社会科学は民俗芸能が「開放系の現代社会におけるフロントで複雑化している様態」を描き出していることに呼応して，考慮しなければならない要素が制限されないという意味において開放系である。化学式よろしく公式として一般化することはむずかしいだろうが，大規模災害がもたらす非常事態において準拠するべきマニュアルを作成することはできるだろう。民俗芸能が災害復興において重要な役割をは

たすためにも，民俗芸能に関する保存の社会科学を構築する試みが求められているのである。

4．保険としての文化財指定

　私は2010年5月以来，4年間にわたって岩手県文化財保護審議会における唯一の民俗担当委員として，岩手県に多数伝承されている民俗芸能などを岩手県無形民俗文化財として指定する作業に従事していた。岩手県は「民俗芸能の宝庫」として知られており，各種の民俗芸能が数多く伝承されている。1,000件以上ともいわれるが，あまりにも多いため，実際の件数は誰も知らない。沿岸部だけでも神楽・虎舞・鹿踊・念仏剣舞に代表される多種多様な民俗芸能が数多く存在している。だが，2011年3月11日に発生した東日本大震災は岩手県沿岸部の民俗芸能にも甚大な被害をもたらした。

　岩手県沿岸部の民俗芸能が無形民俗文化財として保存されているというよりも，むしろ地域社会に暮らす人々の生きがいや喜びとして享受されてきたことは前述した。もちろん岩手県沿岸部においても，普代村の鵜鳥神楽と宮古市の黒森神楽が2005年に「陸中沿岸地方の廻り神楽」として記録作成等の措置を講ずべき無形民俗文化財として選択されている。また，黒森神楽は2006年に重要無形民俗文化財に指定されており，鵜鳥神楽も2011年に岩手県無形民俗文化財，2015年に重要無形民俗文化財に指定された。私自身は鵜鳥神楽が岩手県無形民俗文化財に指定されるさい，岩手県文化財保護審議会委員として報告書を作成した。また，鵜鳥神楽が重要無形民俗文化財に指定される過程にも深くかかわった。だが，岩手県沿岸部の民俗芸能で岩手県無形民俗文化財に指定されている事例は僅少であり，市町村にも指定されていない場合が数多かったのである。

　岩手県沿岸部の民俗芸能が必ずしも無形民俗文化財として扱われてこなかったことは，功罪の両面を持ち合わせている。それは岩手県沿岸部の民俗芸能が今日でも同時代性を維持しているという意味において，「生きている」ことを示唆しているともいえるだろうが，岩手県や市町村が組織的な行政調査を十分に実施してこなかったため，所在すらはっきりしない場合も少なくなかった。ど

こにどのような民俗芸能が存在しているのかについてすら，基本的な情報が得られていなかったわけである。したがって，東日本大震災によって被災した民俗芸能団体に関する情報についても，必ずしも十分に把握することができていないのは当然であった。

　同じく当然ながら，岩手県や市町村が被災した民俗芸能団体を支援する活動もまったく進まなかった。当該の民俗芸能が無形民俗文化財として指定されていない，つまり未指定の状態である場合は，いってみれば透明人間のようなものであり，岩手県や市町村が直接的に関与することがむずかしい。実際は民俗芸能に関心を持つ数名（私もその一人である）が個人的な活動として，被災地における民俗芸能に関する情報を収集して，民間の助成団体に働きかけながら，被災した民俗芸能団体を支援する方法を模索してきたのである。じっさい，東日本大震災が発生した以降，外部に接続するチャンネルを持っていた民俗芸能団体は支援される機会を得ることができた。もちろん文化財指定も外部に接続する様態の１つだろうが，岩手県沿岸部の民俗芸能は未指定の場合が多かったため，支援される機会にも恵まれなかったのである。

　かくして，私は東日本大震災以降，無形民俗文化財に関して極端な見解に到達したことを強調しておきたい。それは被災する可能性を想定した上で，今後あらゆる民俗芸能を少なくとも市町村の無形民俗文化財として網羅的に指定するべきであるということである。いわば保険としての文化財指定である。少なくとも岩手県沿岸部についていえば，民俗芸能は地域社会に入った深く鋭い亀裂を縫い合わせて，傷ついた地域社会を再生させる契機として演じられている。そのような民俗芸能を無形民俗文化財として指定することは，民俗芸能を無形民俗文化財として保存するという地平を超克して，極限的な状況において地域社会を再生させる手がかりとして重要であり，民俗芸能が災害復興において重要な役割をはたすことにも寄与するだろう。

　たとえば，平成の時代に入った以降に誕生した大槌町の城山虎舞のような場合でも，地域社会における文化的なシンボルとして大きな役割をはたしていることに鑑みて，積極的に指定していったらどうだろうか。じっさい，文化財保護法を規定する法律として2001年に制定された文化芸術振興基本法は2017年

に文化芸術基本法として改正されたさい，基本理念を述べた第2条に「文化芸術に関する施策の推進に当たっては，文化芸術により生み出される様々な価値を文化芸術の継承，発展及び創造に活用することが重要であることに鑑み，文化芸術の固有の意義と価値を尊重しつつ，観光，まちづくり，国際交流，福祉，教育，産業その他の各関連分野における施策との有機的な連携が図られるよう配慮されなければならない。」という項目を新設している。

　一方，地域における文化芸術の振興等に関する第14条は「国は，各地域における文化芸術の振興及びこれを通じた地域の振興を図るため，各地域における文化芸術の公演，展示，芸術祭等への支援，地域固有の伝統芸能及び民俗芸能（地域の人々によって行われる民俗的な芸能をいう。）に関する活動への支援その他の必要な施策を講ずるものとする。」というものであり，民俗芸能にも言及している。今日，無形民俗文化財は学術的な価値のみならず，観光やまちづくりも含めた各種の社会的な価値を付与されることが少なくない。災害復興もその1つとして数えてもいいだろう。民俗芸能が災害復興において重要な役割をはたすためにも，文化財指定は推進力として貢献するはずである。

5．民俗芸能を培ってきた場の豊饒性

　だが，こうした視座も不十分であるといわざるを得ない。「民俗芸能の宝庫」を襲った東日本大震災は，民俗芸能というアートフォームを無形民俗文化財として理解する視座の限定性のみならず，民俗芸能を培ってきた場に対する視座の重要性をも再認識させる契機として働いたはずである。そもそも無形民俗文化財は民俗芸能のみならず，風俗慣習（祭礼行事等）も含まれているわけだが，民俗芸能ばかりが脚光を浴びてしまいがちである。民俗芸能を培ってきた場の豊饒性に対する視座は不十分であるといわざるを得ない。年中行事もその典型であろう。民俗芸能が年中行事の1つとして演じられており，地域社会の全体的な関係性の中に組み込まれていることは，ともすれば忘れてしまいがちである。民俗芸能だけが単体として扱われても，年中行事として位置付けられている民俗芸能の存在形態は浮かび上がってこない。

　前述した鵜鳥神楽と黒森神楽も，「陸中沿岸地方の廻り神楽」として記録作成等の措置を講ずべき無形民俗文化財に選択されていた。その理由は鵜鳥神楽と黒森神楽が岩手県沿岸部の広域を巡行する廻り神楽を今日でも維持していることに求められる。鵜鳥神楽と黒森神楽がアートフォームとして高い価値を持つことはあらためて強調するまでもないだろうが，むしろ岩手県沿岸部の村々が畏敬の念を持ってこうした神楽を受け入れてきたことこそが，記録作成等の措置を講ずべき無形民俗文化財として高く評価されているわけである。

　だが，鵜鳥神楽と黒森神楽が巡行する村々は東日本大震災によって甚大な被害を受けて，こうした神楽を受け入れてきた宿も大半が失われてしまったため，世界的に見ても奇跡的な上演形態が危機的な状況にさらされている。にもかかわらず，そのような場をどう再生させていったらいいのか，必ずしも十分に議論されていないようにも思われる。宿を確保することが鵜鳥神楽と黒森神楽を維持することにつながり，地域社会を再生させることにもつながるとしたら，私にもできることは何だろうか。私は鵜鳥神楽のメンバーとも相談を重ねた上で，鵜鳥神楽の宿を支援する活動として，釜石市箱崎町白浜の宿を支援したり岩手県内陸部において宿を新規に創出したりしてきた。これも民俗芸能を培ってきた場を再生させることをめざした活動の１つであった。

　白浜において鵜鳥神楽の宿主を代行している笹山政幸は，「この鵜鳥神楽の巡行自体が明治以降になってまわっている巡行なのですが，私と嫁と嫁の家族は，その長い歴史を途絶えさせたくない，うちがやればできるだろうと相談しました。隣の箱崎地区とうちと，湾と大槌川を挟んで向かい側に室浜という地区があり，そこにも神楽宿があったのですが，室浜地区の宿は流出して跡形もない状態で，隣の箱崎地区も家はあったのですがすごく被害が大きくて，できる状態ではありませんでした。残されたのはうちだけなので，どうにかこの巡行を止めずにできないかと思いまして，お風呂と家を直しました。」という。

　そして，笹山は「箱崎白浜地区というのは家が半分流されていまして，仮設住宅に入った人もいるのですけれど，市内のいろいろな仮設に点在していまして，津波前に築かれていたコミュニティが完全に破壊されていた地区でした。私たちとしては神楽によって，ふだん離れている人が一日でもいいから白浜に

帰ってこられる機会を作りたいという意図もありました。」とも述べている。「また巡行の歴史を途絶えさせてはいけないという，向かいの室浜の宿と箱崎地区の，やりたいだろうがやる場所がなくなった宿主さんの思いを受け止め」，白浜巡行が実現したのである。「市内の仮設に散らばっていた，震災後ほぼ来ていなかった人たちもみんなやってきて，その日だけは笑って昔の懐かしいいろいろな話をしました。神楽を見に来る，震災前のコミュニティを取り戻す，目的は何であれ人々が集まりました。」(橋本，2015：224-225)

　一方，妻の笹山奈奈子は「釜石の市内に点々バラバラとなってしまった白浜のみんなに声をかけたら，たくさんの人が来ていただきました。ただ見に来るだけではなくて，田舎では来れば台所に必ずみんな顔を出すのです，女性の方は特に。すると，何かしなければと思って台所ばっかりぎゅうぎゅうになってしまうのです。そんなに大きくない家なのですけど，人が集まって，料理をしたり神楽を見るのが笑いの場になります。でもやはりいろいろなことを思い出して涙する場面もあります。」(橋本，2015：228-229)と述べていた。笹山夫婦の談話は民俗芸能が災害復興において重要な役割をはたすためにも，民俗芸能を培ってきた場の豊饒性を回復することが必要不可欠であったことを浮かび上がらせている。

6．被災地観光における民俗芸能の役割

　私は民俗芸能支援の第3段階として，当事者が地元で働ける雇用環境を整備する必要性を指摘した。将来的な可能性に関していえば，雇用環境が整備されなければ，民俗芸能を培ってきた場を維持することも難しいと思われるが，そのような場は地域社会を復興することのみならず，地域観光を振興することにも資するはずである。雇用環境に直結しないとしても，民俗芸能を介して経済的な効果を生み出せないだろうか。そう考えた私は鵜鳥神楽のメンバーとも相談を重ねながら，鵜鳥神楽を介した被災地観光のプロジェクトをいくつか手がけてきた。いずれも残念ながら雇用環境を整備することに直結しているということはできないが，民俗芸能を培う新しい場を構築する試みであるのみならず，

民俗芸能を活用した被災地観光の可能性を模索する試みであるともいうことができるだろう。

　その1つは神楽宿を体験する東京発のツアーである。旅行会社にかかわってもらって，合計3回開催することができた。第1回と第2回は別の機会に紹介しているので（橋本, 2016b），2017年3月25〜26日に普代村の堀内漁村センターで開催された第3回の「ふだいで神楽宿フォーラムと鵜鳥神楽神楽宿を体験する旅」を紹介しておきたい。その特徴は「普代村は北緯40度の人口2,850名の小さな村です。震災時に普代水門と太田名部防波堤が村民の命を守った村です。漁業が盛んで，豊かな自然と伝統芸能が時と人をつなぐ素敵な田舎です。神楽宿フォーラムで神楽宿の魅力を語り合ったうえで，国指定の重要無形民俗文化財「鵜鳥神楽」の神楽宿を地域のみなさんと一緒に楽しみ，漁業と郷土料理を一緒に「普段の暮らし」を体験しながら，厳寒の北三陸のこころにふれる旅です。」というものであった。

　また，「ご注意」として「普代村の鵜鳥神楽は2015年3月に国の重要無形民俗文化財へ指定されました。伝統の「廻り神楽」を堀内地区のみなさんとお楽しみいただけます。また翌日は神楽体験や本年度の巡行が終了する神上げの儀式も見学します。」とも記されている。参加者は小学生も含めた16名だった。一方，岩手県北交通も八戸発のツアー「鵜鳥神楽とワカメ作業体験〜旬のメカブ詰め放題〜」を日帰りで企画しており，参加者は神楽フォーラムも含めて鵜鳥神楽を鑑賞した。したがって，堀内の神楽宿は堀内地区の住民のみならず観光客も参加する一風変わった雰囲気だった。神楽宿フォーラムは堀内巡行という場を借りて，鵜鳥神楽に先立って1時間だけ頂戴して実施された。

　私が書いた挨拶文は「このたび，科学研究費挑戦的萌芽研究「芸能復興と被災地ツーリズム」の成果を地域社会に還元する機会として，神楽宿フォーラムを開催します。これは鵜鳥神楽にかかわる皆様が一堂に会して，鵜鳥神楽が演じられる神楽宿の魅力について存分に語り合い，その価値を再確認する機会として企画しました。／実際は各地（釜石市箱崎町白浜，大槌町吉里吉里，岩泉町安家）における宿主の皆様，堀内地区をはじめとする普代村民の皆様，ツアーに参加する観光客の皆様，鵜鳥神社の熊谷一文宮司をはじめとする鵜鳥神楽保存会の

皆様，そしてこのプロジェクトの共同研究者である大阪市立大学の中川眞教授にも加わっていただき，神楽宿でいつも大きな歓声が響きわたることで知られる堀内地区にふさわしく，「明るく楽しい大座談会」を実現したいと考えています。」というものだった。

　ところで，私は2015年3月に鵜鳥神楽保存会に加入していた。私自身もメンバーとして役割をこなさなければならなかったため，綿密に準備することはできなかった。だが，そもそも「明るく楽しい大座談会」を意図していたから，台本を用意するわけでも報告とか発表とかいった堅苦しい形式を採用するわけでもなかった。私は挨拶文をこう続けている。「とりわけ3名の宿主の皆様はぜひとも専門的知識の提供，つまり神楽宿を運営しておられる側のご苦労や心意気も含めて，宿主としての経験に立脚した貴重なお話を披露していただけるものと期待しています。役不足ですが私が司会進行を担当させていただきます。時間は限られているのですが，神楽宿の魅力と価値について皆様の率直な感想をお聞かせいただけましたら幸いです。どうかよろしくお願いいたします。」

　神楽宿フォーラムは和やかな雰囲気で進められた（写真3－1）。それは堀内地区の住民が神楽宿の魅力と価値を再認識することによって，地域社会において培われてきた豊饒な場を誇らしく思う手がかりを提供する一方，観光客が鵜鳥神楽を理解する補助線を引いてもらうことによって，通常は部外者に開放されていない神楽宿の魅力と価値を満喫する手がかりを提供するものであった。神楽宿フォーラムが終わったら，さっそく鵜鳥神楽である。「岩戸開き」「岩長姫」「斐の川」「榊葉」「姑礼」「松迎」「山の神」「恵比寿舞」の8演目が披露された。

　フィナーレを飾る「恵比寿舞」は観光客にも参加してもらって拍手喝采だった（写真3－2）。権現様の身固めが終わった後は，メンバーを労う直会である。通常は関係者しか参加しないが，この日は住民のみならず観光客も参加して大交流会の様相を呈した（写真3－3）。観光客は直会でしか聞けない御祝という歌も堪能することができた。そして翌日，観光客は鵜鳥神社において初の試みである神楽体験を楽しみ（写真3－4），神上げの儀礼を見学した後はわかめの芯抜きや鉄山染めを体験したのである。個々の内容は普代村観光協会と旅行会社の担当者が相談を重ねて決定したものであり，私も微力ながら協力した。

写真3-1 「神楽宿フォーラム」

写真3-2 観光客も参加した恵比寿舞

写真3-3 直会の様子

写真3-4 神楽体験

　こうしたツアーは部外者に民俗芸能のみならず民俗芸能を培ってきた場にも関心を持ってもらい，被災した民俗芸能や地域社会の現状を広く知らせる機会として重要である。そして，地域社会の外部で生まれた関心が次第に内部にも影響していった結果として，民俗芸能を担う伝承者や地域社会に暮らす住民，いわば多様な当事者に従来は考えなかったような新しい視座を獲得させるだろう。それは当事者が民俗芸能の魅力や価値を再認識することであり，民俗芸能を演じる意味を内在的に拡張もしくは進化させることであった（橋本，2016b）。民俗芸能が災害復興において重要な役割をはたせるとしたら，当事者と部外者が地域社会の内部と外部において民俗芸能の魅力と価値を共有することが必要だろう。

7．当事者と部外者が協働する未来

　当事者と部外者が民俗芸能を協働する。こうした第4段階が恒常的に続くも

のかどうかはよくわからない。少なくとも現時点において民俗芸能の未来を構想することはむずかしい。また，これは私が付き合ってきた民俗芸能団体に関して起こった偶発的な出来事にすぎないのかもしれない。性急に一般化することができるわけでもないだろう。民俗芸能団体の人手不足を解決するためにも，当事者が地元で働ける雇用環境を整備することは最も効果的な方法なのだろうが，当事者にも部外者にも手に負えない課題であることも事実である。そう考えていけば，当事者と部外者が民俗芸能を協働することは，意識しているか否かはともかくとしても，自分たちの身の丈で考えられる方法を模索した結果であるといえそうである。民俗芸能支援はいわゆる支援という従来の枠組みを脱して，協働という新しい段階に入っているのかもしれない。

　こうした現状を視野に収めた場合，鵜鳥神楽と黒森神楽は結果的に先進性を帯びているとも考えられる興味深い様態を描き出している。というのも，鵜鳥神楽と黒森神楽はそもそも岩手県沿岸部に数多く伝承されている民俗芸能の「野球でいえば四番打者だけを集めた，バスケットでいえば USA のドリームチームのような存在」であり，巡行する範囲から芸達者な人間がメンバーとして招集される。「沿岸部の各地に伝わる神楽や剣舞などで活躍する四番打者が集まってドリームチームを結成しているわけですから，運命共同体的なコミュニティというよりも，技術の共同体，実践の共同体であるということが重要で」（橋本，2019：62-63）あった。ローカルでありながらインターローカルでもあるという意味において，鵜鳥神楽は当事者と部外者という二分法を超克しているとも考えられる。

　じっさい，現在のメンバーを見ても，三上岩富・畠山源一・早野洋二は田野畑村の大宮神楽，藤島夢也は田野畑村の甲地鹿踊，佐々木海翔は大槌町の向川原虎舞がいわば本籍である。また2019年以降，九戸村の江刺家神楽で驚異的な舞を披露していた妻川祐樹も，鵜鳥神楽に参加している。私は妻川が高校3年生だったころ，彼の権現舞を見て圧倒された。私は長年にわたって江刺家神楽とも交流しており，信頼関係が存在していたため，2つの団体を仲介することができたのである。そして，私自身もかつては盛岡市に在住していたが，現住所は大阪府の豊中市である。

　私はかつて「そもそも神楽衆は霞（鵜鳥神楽が巡行する範囲）の中で呼び集めら

れるものであり，大阪に在住している私がふさわしいのかどうかと思い悩むことも少なくない。じっさい，釜石市箱崎町白浜の神楽宿を仕切っていた宿主名代の笹山さんにも，そういわれたことがある。」(橋本，2016b：293-294) と書いている。もちろんこうした現象は鵜鳥神楽の特異な存在形態に由来している以上，特定の地域社会に依拠している大半の民俗芸能団体についていえば確認することができるわけでもないだろう。

　ロバート・D・パットナムは社会関係資本に関する２つのパターンを提示しており，「結束型の社会関係資本は，特定の互酬性を安定させ，連帯を動かしていくのに都合がよい」一方，「橋渡し型のネットワークは対照的に，外部資源との連繫や，情報伝播において優れている」という。そして，「結束型社会関係資本は，「なんとかやり過ごす」のに適し，橋渡し型社会関係資本は，「積極的に前へと進む」のに重要である。加えて，橋渡し型の社会関係資本は，より広いアイデンティティや，互酬性を生み出すことができ，結束型社会関係資本によって強化される自己が，より狭い方向に向かうのとは対照的である。」(パットナム，2006：19-20) というのである。

　大半の民俗芸能団体はそもそも前者の結束型に近い特徴が備わっていたはずである。だが，東日本大震災によってマンパワーを失った以降，一部の民俗芸能団体は部外者を受け入れることによって，後者の橋渡し型を志向しているようにも思われる。未曽有の非常事態に対峙するべく，「積極的に前へと進む」ことをめざしたわけである。そうした民俗芸能団体は排他性によって内部の凝集性を高めるというよりも，むしろ外部の人々を巻き込みながら展開する方向を打ち出すことによって，部外者に対しても参加する機会を提供してきた。これが東日本大震災以降の岩手県沿岸部における民俗芸能の現状だろう。鵜鳥神楽にしても，現時点でいえば外部とも連携していかなければ継続することはむずかしいと思われる。

　だが，何が正しくて何が正しくないのか，依然として誰にも判断することができないようにも感じられる。数多くの民俗芸能団体が東日本大震災以降，極限的な状況に追い込まれながらも，自分たちの民俗芸能に元の姿を取り戻すため，文字どおり試行錯誤してきた。にもかかわらず，民俗芸能の本来的な存在

形態を維持することは，もはやきわめて難しいだろう。だからこそ，当事者と部外者が協働して新しい場を構築する試みが生み出されているともいえるのである。こうした消息は民俗芸能の本来的な存在形態を破壊する契機として，否定的に受け止められてしまうかもしれない。だが，当事者と部外者が協働する未来を肯定的に理解することによって，被災した民俗芸能に元の姿を取り戻すことのみならず，民俗芸能が災害復興において重要な役割をはたすことにも貢献する手がかりが得られるはずである。

8．n個の指標を求めて

　以上，私自身もメンバーとして活動している鵜鳥神楽を主要な題材として取り上げながら，民俗芸能が災害復興において重要な役割をはたすことに寄与する諸条件について論述してきた。もちろん鵜鳥神楽に限っても指標は他にも提示することができる。たとえば後継者を育成する手段としてよそ者を参入させる可能性のみならず，学校教育を活用する可能性も指摘することができるだろう。じっさい，鵜鳥神楽も普代小学校において5年生に教えている。だが，成長してメンバーとして定着した場合は報告されていないから，後継者を育成する手段というよりも鵜鳥神楽に対する理解度を高める手段として評価するべきなのかもしれない。

　また，鵜鳥神楽は該当しないが，民俗芸能を二次創作するプロジェクトも，民俗芸能が災害復興において重要な役割をはたすことができる未発の領域だろう。私は2017年度〜2019年度の3年間，科学研究費挑戦的萌芽研究「被災地芸能の二次創作に関する実践研究」の研究代表者を務めており，関西という遠隔地においてどのような役割をはたすことができるかを検証するべく，大槌町の城山虎舞に触発された阪神虎舞というユニットを立ち上げた。阪神虎舞はいくつかの偶然が重なって，幸運なスタートを切ったといえるだろう。

　「本研究の目的は，壊滅的な打撃を受けた地域社会の復興に際して，芸能のもつ特筆すべき力をフィールドワークによって実証した上で，その効果を持続させて震災に関する記憶の風化に抗する芸術文化協働のモデルとして，被災地芸

能の二次創作という方法を検討することにある」が,「被災から8年以上が経ち,
関西は遠隔地ということもあって,震災を肌身で感じることもなくなってきた」
ため,「関西の人々に東北の芸能を継承していただき,自ら上演することによっ
て,震災の記憶の風化に立ち向かえるのではないかと考え」たわけである。虎
舞を取り上げた理由は明白だろう。関西人はとにかく虎が大好きである。この
プロジェクトは民俗芸能が災害復興においてはたす役割を被災した地域社会に
限定していない。むしろ遠隔地において大規模災害の記憶が風化することに抵
抗する試みであるといえるだろうか。

　研究計画についていえば,2018年度は城山虎舞のメンバーを招聘してワーク
ショップを実施する一方,数名の受講者を大槌まつりに派遣して現地の雰囲気
を体感してもらった上で,関西に在住するコンテンポラリーダンサーを中心と
する阪神虎舞の活動を開始した。これは既に試行的なプロジェクトに着手して
いた虎舞の二次創作に関する中心的な実践研究として位置づけられる。そして,
城山虎舞にも協力していただき,虎舞を関西に移植するための具体的な計画を
策定しながら,その過程に関する参与観察的な調査を実施した。

　2018年度は本格的な実践研究の段階に入っている。6月に虎舞ワークショッ
プ「チャレンジ虎舞!」を開催した上で,9月に数名の受講者を大槌まつりに
派遣して城山虎舞に関する参与観察的な現地調査を実施した。そして,虎舞の
二次創作を試行的に実施する手がかりとして,関西在住のコンテンポラリーダ
ンサーを中心とする阪神虎舞の活動を開始することができた。実際は11月に城
山虎舞の神戸公演「舞い虎参上,岩手大槌より」を開催したさい,その前座と
して阪神虎舞の初舞台が実現している。その反響は大きく,1月にニューウェ
イヴガールズグループの大阪公演に参加する一方,3月に少彦名神社の「東北
文化復興祈念祭―城山虎舞に導かれた阪神虎舞―」において虎舞を奉納した。

　いずれにしても,民俗芸能が災害復興において重要な役割をはたすことに寄
与する諸条件は,将来的な可能性も含めてn個想定される。だが,縷々述べて
きた内容を振り返っておけば,第1の指標として「精神的な支柱としての民俗
芸能」をあげておきたい。民俗芸能は地域社会を復興するさい欠かせない要素
の1つである。第2の指標は「中間支援の必要性」である。民俗芸能を支援す

民俗芸能の役割の観点からの災害弾力性評価指標

第1の指標「精神的な支柱としての民俗芸能」
- ・民俗芸能は地域社会を復興するさい欠かせない要素の1つ

第2の指標「中間支援の必要性」
- ・民俗芸能を支援するさい中間支援に従事する組織や個人の存在が重要

第3の指標「民俗芸能の保存科学」
- ・①用具や装束の支援，②多機能的な空間の確保，③雇用環境の整備，④当事者と部外者の協働という4段階が存在

第4の指標「保険としての文化財指定」
- ・被災する可能性を想定した網羅的な無形民俗文化財指定が効果的

第5の指標「民俗芸能を培ってきた場の豊饒性」
- ・民俗芸能を単体としてとりあげるよりも，民俗芸能を培ってきた場をこそ支援したい

第6の指標「被災地観光における民俗芸能の役割」
- ・被災地において民俗芸能を観光資源として活用する意義は大きい

第7の指標「当事者と部外者が協働する未来」
- ・民俗芸能の未来を構想するさいは，部外者の参入を評価するべき

るさい中間支援に従事する組織や個人の存在が重要である。第3の指標は「民俗芸能の保存科学」である。実際は①用具や装束の支援，②多機能的な空間の確保，③雇用環境の整備，④当事者と部外者の協働という4段階が存在している。そして，第4の指標は「保険としての文化財指定」である。被災する可能性を想定した網羅的な無形民俗文化財指定が効果的だろう。

　第5の指標は「民俗芸能を培ってきた場の豊饒性」である。民俗芸能を単体としてとりあげるよりも，民俗芸能を培ってきた場をこそ支援したい。第6の指標は「被災地観光における民俗芸能の役割」である。被災地において民俗芸能を観光資源として活用する意義は大きい。第7の指標は「当事者と部外者が協働する未来」である。民俗芸能の未来を構想するさいは，部外者の参入を評価するべきだろう。そして，第8以降の指標は今後の課題である。最後にあらためて問うてみたい。民俗芸能はどのような条件において，災害復興における

68 |

在来知として重要な役割をはたせるのだろうか。民俗芸能が今後こうした役割を担っていけるとしたら，どのような環境を整備することが求められているのだろうか。民俗芸能が災害復興において重要な役割をはたすことに寄与する諸条件を解明するべく，今後もn個の指標を追求していきたいと考えている。

引用・参考文献

内閣府国民生活局編（2002）：『中間支援組織の現状と課題に関する調査報告』内閣府国民生活局, pp.1-149.

橋本裕之（2012）：「民俗芸能と地域社会——岩手県沿岸部における秘密」月刊みんぱく, 36-9, pp.4-5.

橋本裕之（2015）：『震災と芸能—地域再生の原動力—』追手門学院大学出版会

橋本裕之（2016a）：「序——災害復興における在来知，もしくは災害文化の継承と創造」pp.5-12, 橋本裕之・林勲男編『災害文化の継承と創造』臨川書店

橋本裕之（2016b）：「支援から協働へ—民俗芸能を復興する／させる方法—」pp.272-294, 橋本裕之・林勲男編『災害文化の継承と創造』臨川書店

橋本裕之（2016c）：「無形民俗文化財の社会性—現代日本における民俗芸能の場所—」追手門学院大学地域創造学部紀要創刊号, pp.121-131.

橋本裕之（2016d）：「協働する共同体へ—民俗芸能を復興する／させる方法の可能性—」舞踊学, 38, pp.106-112.

橋本裕之（2016e）：「拡張する実践共同体，もしくは地域文化の可能態」社会人類学年報, 42, pp.31-50.

橋本裕之（2017）：「蠅としての民俗学者—無形文化遺産におけるよそ者の役割」pp.337-363, 飯田卓編『文明史の中の文化遺産』臨川書店

橋本裕之（2019）：「発動機としての身体，もしくは一人称の鵜鳥神楽」ボナヴェントゥーラ・ルペルティ編『日本の舞台芸術における身体—死と生，人形と人工体—』晃洋書房, pp.47-66.

バック，パール・S（2005）：『つなみ—THE BIG WAVE—』径書房

パットナム，ロバート・D（2006）：『孤独なボウリング——米国コミュニティの崩壊と再生』柏書房

庄子　諒（2016）：「書評：橋本裕之『震災と芸能——地域再生の原動力』2015, 追手門学院大学出版会」社会学研究科年報, 23, pp.53-54.

第4章
災害復興におけるコミュニティの力

1. コミュニティの災害弾力性

　災害時において，コミュニティは重要な役割を果たす。コミュニティの共助が，人命を救助し，財産を保護することができ，被害を減じるからである。また，災害復興のビジョンを描く際，コミュニティ内の合意形成は不可欠である[1]。したがって，コミュニティ内の人々のつながりは，災害弾力性の重要な指標の1つといえる。他方，災害後に困難な状況に置かれる被災者にとっては，地域外からの様々な支援が必要になる。その際，コミュニティ外の人々とのつながりは，支援を呼び込み，災害から回復する力を高めると考えられる。このように，内外の人々のつながりを持っていることは災害に強いコミュニティの要件であると考えられる。

　本章では，コミュニティという観点から地域の災害弾力性を検討する。コミュニティのあり様，特に人々のつながりのあり様が災害弾力性を左右することに注目し，災害弾力性のあるコミュニティをつくることに焦点を当てたい。具体的には，コミュニティ内のつながりと共助，コミュニティと外とのつながりと被災地支援，コミュニティが継承してきた土地の知恵と災害リスクについて，中越大地震[2]で被災した新潟県長岡市山古志地域（以下，山古志地域）の経験を参照して，論を展開する。なお，前述した2つのつながりは，山古志地域の村民が構想した復興プラン「つなごう，山古志の心」に示された考え方である。コミュニティの災害弾力性の指標としてのつながりの重要性が的確に示されていると考えられる。

2．コミュニティ内のつながり

　災害直後において，公共に委ねられた支援，いわゆる公助を得られるかどう
かは相当程度，不確実であることが明らかになってきた。広範囲にわたる災害，
大都市における災害では特に，その不確実さは顕著である。観光地においても
同様なことが起こりうるだろう。そこで，共助の重要性が改めて指摘されている。

（1）共助の重要性
　災害時における自助，公助，共助の重要性については既に多くの指摘がある[3]。
そして，共助とは，コミュニティ内の相互扶助であり，ある範囲内で居住し，
働く人々がお互いに助け合うことを意味する。自助は，自分で自分自身を守る
ことを意味し，公助は，公共，公的サービスによる保護や支援を意味する。災
害時には，3つの力によって被害は最小限にとどめられる。3つの支援はそれ
ぞれ異なる種類の支援をもたらす。多様な複数の立場からの相互補完的な支援
が，防災と減災にとって不可欠となる。
　共助の重要性は，阪神・淡路大震災以降に強く認識されるようになった。近
代的な社会システムは災害の備えとして，公助を最も重要なものと位置付けて，
様々な制度が整えられてきたが，被災者数，および被災範囲があまりにも広い
場合，公助は想定された通りに機能しないことが明らかになった。そこで，公
助が機能しない場合の対応として，共助の重要性が指摘されている。実際に，
阪神・淡路大震災では，コミュニティによる消火活動や人命救助が行われ，そ
の減災効果は大きかった。同じコミュニティ内での出来事であるからこそ，様々
な被害の可能性を予想することができるなど，公助が及びにくく，共助によっ
て可能になる救助が存在することが明らかになった。

（2）コミュニティ内のつながりで支え合う
　まず，救急期における共助の重要性を確認したい。大きな自然災害が発生し
た時に，公助が十分に機能しない場合，自助と共助によって発災直後の危機を

回避する必要がある。また，長時間，長期間に渡り，ライフラインが途絶えてしまう場合，水や食料をはじめとする物資の確保は，個人で行うよりも，コミュニティで行うことが容易だと考えられる。したがって，共助によって，危機を回避することが予め想定されていることが望ましいといえる。

コミュニティ内で相互に支え合うことで，より安全で安心な状態をつくることができる。そのために共助する力を高めることが重要である。災害で負傷した人はもちろん，病気を患っている人，子供，高齢者，障害者など，コミュニティ内部には他者からの助けが必要な人が居住している。また，地震であれば余震が頻発するなど，救急期では様々な不安を抱えて時間を過ごすことが強いられる。被災者が互いに励まし合うなどして，不安を最小限にとどめることも大切なことである。

山古志地域の場合，大地震によって多発した地すべりによって道路が寸断されて，集落は外との接続を絶たれてしまった。村の外だけでなく，他集落への行き来が困難になり，各集落は自助と共助で救急期を乗り越えることを余儀なくされた。ヘリコプターでの救助活動によって，避難所に移動するまでの間，集落ごとに村の人々が集まり，相互に助け合い，励まし合いながら，非常時を過ごした。集落での避難生活は，個の自助と集落コミュニティ内の共助が働き，互いによく知った人々と一緒にいたことで，困難を乗り越えることができたという。

救助活動後，住民は長岡市街地へ避難し，避難所に指定された公共施設で数か月を過ごすことになった。長期化が予想された避難生活を乗り切るため，集落単位で同じ避難所に入るように配慮され，気心知れた住民が避難生活を相互に助け合って乗り越えた[4]。さらに，震災の約2か月後から，住民たちは長岡市郊外の応急仮設住宅団地に入居した。最長3年間の長期間を過ごすことになった仮設住宅への入居も集落単位で実施され，住民たちは，集落コミュニティのつながりを保ちながら，帰村までの避難生活を過ごした。仮設住宅の住棟は，住民同士が顔を合わせやすいよう，玄関を向い合せて配置され，団地内に設置された集会所には，生活支援相談員が常駐した。生活支援相談員は，住民の健康状態の相談を受けるばかりでなく，ボランティアや支援物資の受入，集会所

でのお茶飲み会の開催などを行い，住民の生活を支援し，住民相互の交流や相互扶助を活性化させていた。

　避難所，仮設住宅での避難生活は，災害直後と同様に，非日常の時間である。避難生活で発生する不安とストレスを少しでも軽減することが必要とされるのだが，コミュニティ内のつながりはその助けとなっていたことが山古志地域の事例から理解できる。したがって避難所や仮設住宅にコミュニティ内の交流とコミュニケーションが自然発生する場所と機会をつくることが有効であるといえる。中越地震で採用された，コミュニティ単位での避難所と仮設住宅への入居，団地内での集会所の設置といった考え方は，阪神・淡路大震災の教訓を踏まえた結果であり，東日本大震災後の仮設住宅の建設と運営にも引き継がれている。

（3）復興とコミュニティ内のつながり

　最後に，復興とコミュニティ内のつながりについて論じたい。復旧期・復興期は，コミュニティの将来をコミュニティ自身が構想し，決定する大切な時期である。ビジョンを描くためには，コミュニティ内部での十分なコミュニケーションと合意形成が必要になる。

　山古志地域では集落の人々が顔を合わせ，意見を交換できる状況が計画的につくられた。互いに顔を合わせ，コミュニケーションをはかる場所と機会が設けられたことで，復旧・復興後の集落について思い，語ることが可能であった。また，将来を考えることは，困難な時期を前向きな気持ちで乗り越える支えになったという。

　仮設住宅から近いところに設置された市民農園は，村民たちの憩いの場であると同時に，交流を図る場としても機能した。村民たちが毎日足を運び，交流する場として機能し，農産物を介して，農園を利用していない人々との交流も生まれていた。このような仮設住宅での集落内部の活発な交流は，復旧された集落内にも影響を与えたと考えられる。地震後，各集落で運営されるようになった直売所は集落内の高齢者が集うコミュニティセンターの役割を果たしている。コミュニティ内のつながりの大切さを実感した人々は，来訪者向けの直売所に足を運んでおり，地域内の交流が促されている。復旧・復興の前段階における

コミュニケーションと交流が復興後のコミュニティ形成に影響を与えたことがよく理解できる。

　山古志地域では，地震から15年が経過した2019年の比較で，人口は半数以下に減少し，高齢化率も10ポイント上昇した。このような変化は事前に予測されていたことであり，地震前後で社会構造が大きく変化することを想定しながら，コミュニティの将来像が議論されてきた。復興の過程で住民会議，NPO法人などが組織されており，現在の地域振興の担い手になっている。災害の有無にかかわらず，時間の経過に従ってコミュニティは量的にも質的にも変化するものである。以前の暮らしを取り戻そうとすることは重要であるが，従前の仕組みや制度ではその実現が難しいことも想定する必要がある。元に戻すという考えにこだわり過ぎず，新しいコミュニティ像を描くことも重要であろう。

　このようにコミュニティ内のつながりは，救急期，復旧期，復興期のいずれにおいても重要な役割を果たすことが確認できる。個人の生活再建を実現するためには，その前提となるコミュニティの再生が必要であるし，生活再建とコミュニティ再生のプロセスでは，コミュニティの成員が相互にコミュニケーションを図ることが必要である。コミュニティ内のつながりが不安定な状況の中で生活再建の精神的な支えになり，コミュニティの将来に希望を与える。また，復興のプロセスでは様々な局面で各主体間の合意形成が必要であり，コミュニティ内のつながりは復興の結果を左右する。

（4）観光地におけるコミュニティ内のつながりの意味

　本書の主題である観光地における災害弾力性という観点から，コミュニティとの関係について論じたい。

　これまでも観光地における災害への対応については，旅館，ホテル，民宿，道の駅といった観光施設が災害時に共助，公助という点で重要な役割を果たしたという指摘がある。災害発生時に来訪していた観光客，当該地域の住民が避難する場所として観光施設が機能した例は多数報告されている。被災者に寝る場所とストックされていた食料を提供することで，被災者を救助し，支援することが観光施設には可能である。このような機能が備わっていることを認識し

ながら，観光施設を地域の災害に関する計画に位置付けることが地域の災害弾力性を高めることになる。例えば，平常時に地域内の観光事業者とのつながりを結び，観光施設を災害時に防減災に寄与する仕組みとして組み込むことが考えられる[5]。昨今は各地で災害が多発しており，災害への備えが十分であることは，旅行者が旅先を選択する上で1つの要素となり得ると考えられる。訪れる人々にとっても安全と安心を担保できる備えを持っているかどうか，観光地では災害弾力性を確認するべきであろう。

3．コミュニティ外とのつながり

　被害の大小に関わらず，被災地には外部からの支援が必要になる。災害直後に必要な物資や人的支援は，被災地内部のみでは不足するため，外部からの支援によって様々な対応が可能になる。東日本大震災の際には，発災直後に水や食料を車に乗せて被災地へ向かう人々が多数存在していた。被災していない地域や人々が被災地への支援に果たしうる役割は大きい。災害時における外部からの支援を期待できる点で，コミュニティ外とのつながりは，災害弾力性を高める要素として捉えることができる。

（1）外部からの支援・ボランティア

　阪神・淡路大震災があった1995年はボランティア元年とよばれている。多くの市民がボランティアで被災地を訪問し，被災者を支援する活動がみられたからである[6]。東日本大震災では，地域外からのボランティアによる支援はさらに顕著にみられ，ボランティアへの期待はさらに大きくなっている。災害の規模や範囲が大きいほど，公助が想定通りに機能しない可能性は高く，同時に被災地では長期にわたる支援が必要とされる。災害直後はもちろん，避難所，仮設住宅に移動した後においても，被災地では様々な支援が必要である。被災者が自らの生活の再建，生業の再生に専念できることが望ましい。そのために被災者に寄り添い，支えとなるボランティアが必要とされる。ボランティアによる支援は，被災者が生活を再建するプロセスに欠かせない要素であるといって

も過言ではない。

（2）支援・ボランティアから多様な交流への発展

　さらに，被災地への支援は，復旧・復興期においても必要とされる。被災地が復興する過程では，様々な活動が展開する。その際に，地域の生業や産業の再生や持続的な発展のために貢献できる外からの支援は少なくない。さらに，支援をきっかけに構築されたつながりは，復興後の地域振興にも貢献すると考えられる。

　以下，山古志地域の事例から，復旧・復興期における被災地への支援を紹介したい。

　中越地震後，非常に多くのボランティアが山古志地域を支援したが，復旧・復興が一段落した後も交流を継続している人々が存在する。中越地震後の山古志地域への支援をきっかけに，大学生が組織したボランティア団体，東洋大学ボランティアセンターは，震災直後から避難生活を送る被災者を様々な形で支援してきた。そして，住民が山古志地域に帰還した後も，定期的に地域を訪問し，ボランティアや交流を継続している。例えば，毎年3月に行われる古志の火祭り，8月に開催される虫亀集落の盆踊り大会，中越地震が発生した10月23日に開かれる追悼式，ありがとう広場の運営補助などに参加し，地域内の年中行事，イベントの運営を支援している。

　木籠集落では，木籠ふるさと会が集落の様々な行事を支援している。木籠ふるさと会は，伝統行事・牛の角突きのファンだった100名弱の人々で構成される任意団体である。木籠集落の賽ノ神，盆踊りといった年中行事の運営を担い，復興後の集落活動を支えている。集落内の棚田で田植えと稲刈りも行い，集落の住民と交流を重ねている。

　前述したように，山古志地域は地震を前後して少子高齢化が深刻化したため，外とのつながりによって集落活動が可能になっている集落が存在する。また災害の有無にかかわらず，少子高齢化が深刻化したコミュニティでは外とのつながりを手掛かりに地域づくりに取り組んでいる例は多数みられる。このような観点からも，外とのつながりの意義は大きいと考えられる。

　最後に，山古志地域では外とのつながりが活動する上で，復興支援員の役割が大きかったことを追記しておく。復興支援員は，避難生活時から現在に至るまで，地域への物的支援や人的支援の受入れをサポートしてきた。前述した東洋大学ボランティアセンターの活動は，復興支援員のコーディネートによって質，量ともに充実した。被災地への支援には，自然発生的に生じるものが多く，ボランティアする側にも様々な動機やニーズが存在する。したがって，支援やボランティアを効果的に地域へ波及させるためには，地域とボランティアを丁寧にマッチングする必要がある。中越震災後の復興支援員が果たした中間支援機能もまた重要な仕組みであるといえよう。

（3）災害の経験を地域外に活かす

　次に，災害発生から時間が経過し，一定の復旧や復興が達成された時期における外とのつながりについて検討したい。災害の経験は当該地域だけでなく，地域外にとっても有用である。近年は毎年のように各地で大きな災害が発生しており，災害の経験を地域間で共有することの意義はさらに大きくなっていると考えられる。例えば，被災時に支援を受けた経験（支援した経験も同様）は，他地域の災害への備えとして活用することができるだろう。伊勢湾台風で被災した愛知県，阪神・淡路大震災で被災した神戸の取り組みをはじめ，災害を経験した多くの地域が，被災地を支援すると同時に，被災経験から得た情報や技術を他地域に共有する取り組みを行っている。被災経験を踏まえた支援は，刻々と変化する被災地の状況に応じた対応を可能にすると考えられる。山古志地域では，阪神・淡路大震災の経験を持つ神戸市，火山噴火で全島避難を経験した三宅村から様々な支援を受けており，その後に発生した東日本大震災，熊本地震では被災地への支援を積極的に行っている。被災地支援や災害復興に携わり，専門性を身に付けた人々が，その後に自然災害が発生した別の地域で活躍している。

（4）観光と外とのつながり

　前述したように，過去の災害を例にとると，外部からの支援には，それ以前からの縁に由来するものが少なくない。多くの人々に芽生える被災地を支援し

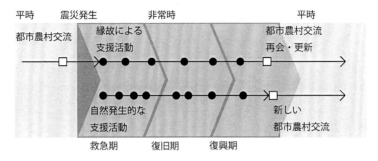

図4－1　都市農村交流と被災地支援の連続・展開

たい，支援しなければという気持ちは，親類縁者，友人，知人への支援として
展開する場合が多い。元々の外とのつながりがあるかどうか，さらにその総量
によって，被災地が受ける支援の量が決定する可能性は否めない。支援の総量
は多ければ多い方がよいとは必ずしも言えないが，災害を意識した外とのつな
がりを構築することは重要であろう[7]。その際，観光が果たす役割は非常に大き
い。観光は，災害時にコミュニティを支援してくれる外とのつながりを育むきっ
かけになりうるからである（図4－1）。観光を通じた意識的な関係構築の例に，
新潟県庁が提言する「防災グリーンツーリズム」がある。新潟県は，将来の発
生が予想されている首都圏直下型地震の際に，首都圏からの避難を積極的に受
け入れることを表明し，これを円滑に遂行する事前の関係づくりとして防災グ
リーンツーリズムに取り組んでいる。

4．コミュニティが継承する土地の知恵

　ここまでコミュニティが有する2つのつながりに注目し，内と外の人々のつ
ながりが災害時に重要であることを確認してきた。次に，コミュニティがもつ
土地の知恵に注目したい。これまでの自然災害への対応は，最先端の科学技術
によって防御し，制御しようとする傾向が強かったが，近年その限界が明らか
になっている。そこで，コミュニティは土地の知恵から学ぶことが必要になる
と考えられる。土地の知恵とは，地形と風土に根ざした暮らしと生業であり，

それらを支える知識である。土地の知恵には，過去の災害を通じてコミュニティが学び，次の世代に継承されてきたものごとも含まれている。本書で取り上げている文化財，芸能，文化的景観，食は，地域固有の文化であると同時に，土地の知恵の表象である。

（1）災害と土地の知恵

　中越地震による山古志地域における被害は，地震が誘発した地すべりによるものが多い。元々地盤が柔らかく，地すべりが多発する地域でもある。しかし，中越地震では，329か所で発生した地すべりは，集落を直撃することはなく，地域内14集落のうち12集落は地震以前と同じ位置に復旧された。このことから，集落は地すべりの発生リスクが低い地点に位置していると考えられている。自然災害が繰り返される履歴を踏まえて，集落が形成されてきたと推察される。そして，元の位置での集落の復旧は，コミュニティ内のつながりを維持することにも貢献している。また，昔から存在する道路は比較的被害が少なかったとの報告もあり，ここにも過去の経験から学ぶ土地の知恵を確認できる。

　平地が少ない山古志地域には，斜面地に棚田が広がっている。生活の基盤となる食糧生産を可能にする膨大な数の棚田の中には，地すべりの発生をきっかけに開墾されたものが存在する。地すべりは，人々の生命と財産を危機にさらす脅威であるが，山古志地域ではそのリスクを回避しつつ，巧みに利用しながら，この土地での暮らしを築いてきた。

　このように，災害への対応に示唆することが多い土地の知恵を確認し，発見することは災害弾力性を高める上で有用であると考えられる。

（2）土地の知恵を読み解き災害弾力性を高める

　災害にまつわる土地の知恵の例は，全国各地にみられる。例えば，関東平野の利根川流域にみられる水塚，徳島県の吉野川にみられる土地利用（氾濫原における藍の栽培，集落の位置，屋敷の構成など）は，頻発する水害への対応としてよく知られている。このような災害にまつわる土地の知恵は，コミュニティによって継承されるものと考えられる。しかし，近代以降，中でも高度経済成長期以

降の地域開発によって，土地の知恵は軽視されてきた。失われてしまっている
ことも少なくない。したがって，災害の履歴，災害後の取り組みの痕跡，災害
を後世に伝えようとする伝承などを確認し，過去の災害について調べることが
必要になる。そして，コミュニティ自身の手で土地の知恵を確認し，再発見す
ることが重要である。まちづくりにおいて，防災は重要なテーマの１つであり，
コミュニティ内の多くの人にとって関心が高いテーマである。コミュニティで
防災に取り組む際に，一見すると無関係に見える土地の知恵を確認することで，
災害弾力性を高めることができると考えられる。

　ここでコミュニティ・デザイン[8]のプロセス，そして 12 のステップが参考に
なる。コミュニティ・デザインは，地域が抱える様々なテーマにアプローチする
ものだが，自然災害への対応もその１つに挙げられる。12 のステップを歩むこ
とで，コミュニティの人々が場所を知り，場所を理解し，場所の世話をすること
ができ，コミュニティが改善される，というものである。このステップから，コミュ
ニティの人々がデザインプロセスに参加し，協働していることがわかるだろう。

　例えば，災害をテーマとするコミュニティ・デザインのステップとして，次
のようなことが考えられる。

1　災害について人々に聴く。過去の災害の有無，災害がどこで，どのよう
　　な被害をもたらしたかが明らかになる。災害に対する不安，心配ごとを
　　聴くこともよいだろう。
2　将来の災害に備え，どのような地域社会，地域環境であることが望まし
　　いかを考え，具体的な目標を設定する。
3　過去の災害による被害を参考にして，想定される被害をリストアップし
　　て，地図の上に記録する。同時に，観光施設など避難や救護に資する場
　　所や物資（ストック）をリストアップして，地図に記す。
4　3 で作成した地図と目録を掲示，配布して，コミュニティで共有する。
　　地図をもって地域を一緒に歩いて確認するなどして理解を深める。
5　地域全域の災害情報，災害リスク，災害への備えを把握して，全体的，
　　総合的な対応を検討する。

6　目標を達成するために必要なアクションと進め方を考える。

7　災害情報，災害リスクを踏まえて，地域社会，地域環境のあるべき姿を構想する。同時に，地域外とのつながりのあるべき姿を検討する。

8　7を実現するために必要な項目を整理する。

9　ここまでの情報を踏まえて，災害弾力性の高い地域社会，地域環境を実現するための複数の具体的なプランを用意する。

10　プランを事前評価する。災害の発生によって生じる事態をシミュレーションして，プランの長所と短所を把握する。必要に応じてプランを見直す。

11　住民が自ら参加して，プランを実行する。例えば，避難場所の整備，避難訓練の実施，建築の修繕・建替え，土地利用の改善など，できることから1つずつ取り組む。

12　実行したプランを事後評価する。必要に応じてプランの見直しを検討する。

　コミュニティ・デザインの実践は，一朝一夕で可能ではなく，時間を要するものであるが，災害リスクを把握し，災害時のコミュニティによる対応について，コミュニティが共有することを可能にする。さらに，そのプロセスで，本章で取り上げたコミュニティ内のつながりを育むことも期待される。

　その他の実践も紹介したい。東日本大震災後に発明された「逃げ地図」の作成は，コミュニティが災害リスクと災害時の対応を自ら考える機会を提供する。現時点での災害時の適切な避難を検討することができる。また，場所の専門家を意味するトコロジストという考え方も参考になる。日常生活で地域を観察し，記録をとることによって，土地の特性を捉える人をトコロジストという。災害という観点から地域を観察し，記録を作成することで，災害リスクと災害時の対応を想定することができる。2000年の噴火で被災した三宅島では，トコロジストを養成する講座が開かれ，コミュニティの人々によってその土地の特性が発見されている。その際，地域の古老から話を聞くことも試みられており，個々人の記憶にとどまっている土地の知恵が発見され，地域で共有されている。

　生命と財産を危機にさらす災害は，誰しもが関心を持つテーマである。土地の知恵を探り，地域の災害リスクを知ることは，コミュニティ内のつながりの

必要性を理解することにもなり，コミュニティの災害弾力性を高めるだろう。

5．まとめ

　ここまで，災害弾力性という観点からコミュニティのあり方を検討し，コミュニティ内のつながり，外とのつながりの重要性を論じ，コミュニティの災害弾力性を高める土地の知恵について論じてきた。繰り返しになるが，最後に，コミュニティという観点から地域の災害弾力性を測る指標，および災害への備えとして整理し，言及したい。

　① コミュニティ内のつながり

　コミュニティにおける人々のつながりは共助を可能にし，災害時に人々の生命を守る助けになる。救助活動，ケガ人・病人の救護活動，安全な場所と食料の確保は，コミュニティ内の多様な立場の人々の相互扶助によって可能になる。また，同じコミュニティの人々と共に時間を過ごすことで，非常事態，避難生活がもたらす精神的な不安を和らげ，普段に近い生活を送ることを可能にする。さらに，復興プロセスにおいて，地域コミュニティの将来像を描き，目標に向けて合意形成を図る際，コミュニティ内のつながりが重要であり，復興の結果にも大きく左右する。コミュニティ内のつながりは，地域の災害に抵抗する力，災害から回復する力をもたらす。

　② コミュニティ外とのつながり

　コミュニティ外とのつながりがもたらす，地域外からの支援，ボランティアは，被災地の復旧・復興を後押しし，加速させる。地域外から届けられる物資，瓦礫の撤去，家財の整理，泥さらいなど，復旧の前段階で必要な様々な作業，被災者を励ます様々な支援は，被災していない地域外の人々にこそできることである。このような支援は，被災者が日常に近い生活リズムを取り戻し，生活再建に少しでも専念する余裕をもたらす。また，コミュニティ外の人々とのつながりは，コミュニティが抱える資源とその価値を発見することを促し，地域の

産業や観光を見直す機会を与える。コミュニティ外とのつながりは，地域が災害から回復する力を高める。

③ コミュニティが継承する土地の知恵

コミュニティで語り継がれる土地の知恵は，災害との上手な付き合い方を教えてくれる。昔から人々が居住する場所，伝統的な行事とそれにまつわる場所，地域の固有性を示す土地利用などは，過去の災害の履歴，災害からの教訓を伝えている。このような土地の知恵を読み解き，確認することは，災害に抵抗し，災害から回復する力を育むと考えられる。また，土地の知恵を読み解くことをコミュニティで進めることができれば，コミュニティ内のつながりをつくり，醸成させるプロセスになり得る。また，土地の知恵を示す地域資源は，外とのつながりを創出する観光資源になる可能性がある。さらに，コミュニティが土地の知恵から学び，コミュニティ・デザインのステップを進んでいく（場所を知り，場所を理解し，場所を世話する）ことで，自然災害によって被害を受けにくい地域社会，地域環境をつくることも可能になる。

コミュニティ・デザインからみる災害弾力性評価指標

① コミュニティ内のつながり
　・平時における日常的な交流
　・コミュニティの将来像の合意形成と共有
　・コミュニティによる災害訓練
　・コミュニティによる物資の備蓄

② コミュニティ外とのつながり
　・平時におけるコミュニティ外とのつながり
　・災害時の支援や連携に関する協定
　・災害時におけるコミュニティ外からの支援の受入れ体制

③ コミュニティの土地の知恵とその継承
　・災害の履歴の確認
　・被災の記録と記憶の継承と伝承
　・安全な避難場所や経路の確認
　・場所を知り，理解し，世話する機会の創出

【注】

1）日本建築学会（2009）は，災害以前にまちづくりに取り組んでいたコミュニティは，そうでないコミュニティに比べて，復興がスムーズに進むことを指摘している。

2）2004年10月23日に旧川口町を震源に発生。マグニチュード6.8，最大震度7を記録した。

3）室崎益輝・富永良喜『災害に立ち向かう人づくり』ミネルヴァ書房，2018年.

4）実際には，集落単位での避難生活を送るため，避難所の引っ越しを行っている。一度ランダムに避難所が割り振られたが，前述した配慮のため避難所は再編された。

5）東京都心部における帰宅困難者を支援する東京都と企業による紳士協定は，災害抵抗力という観点から非常に重要であり，観光地にとって参考になるだろう。いつどこで発生するか全くわからない災害に備えて，地域に居住する人々だけでなく，地域に滞在する人々を救助することが想定されていることは重要である。つまり，ある時期に，ある特定の範囲に留まっている人々を支援の対象として捉えようと想像することが，応急期の人命救助には欠かせないといえる。様々なケースを想定し，不測の事態をなくすことが必要である。

6）阪神・淡路大震災は，ボランティア活動の重要性を確認することになった。草の根の，市民による非営利活動の基盤をつくるために，NPO法が制定されたことはよく知られている。

7）東日本大震災以降，非常時のサブシステムとなりうる地域間のネットワーク，行政の広域連携や協定は顕著にみられるようになった。

8）コミュニティ・デザインは，住民主体，市民参加型のまちづくりとして，日本では理解されてきた。その発展系であるエコロジカル・デモクラシーの射程は民主的な手続きに留まらず，人間社会と自然環境や生態系との関係を再構築することも捉えており，災害をめぐる社会と自然の関係の見直しについても言及している。

引用・参考文献

箱田敦只（2014）：『トコロジスト―自然観察からはじまる「場所の専門家」』日本野鳥の会

仮設市街地研究会（2008）：『提言！ 仮設市街地 大地震に備えて』学芸出版社

古山周太郎ほか（2011）：「中山間地域における人的支援の実態とその役割に関する研究：長岡市山古志サテライトにおける地域復興支援員の取り組みから」『都市計画学会論文集』，46（3），pp.901-906.

室崎益輝・富永良喜（2018）：『災害に立ち向かう人づくり』ミネルヴァ書房

日本建築学会（2009）：『日本建築学会叢書8 大震災に備えるシリーズⅡ 復興まちづくり』日本建築学会

ランドルフ・T.・ヘスター・土肥真人（1997）：『まちづくりの方法と技術 コミュニティー・デザイン・プライマー』現代企画室

ランドルフ・T.・ヘスター著，土肥真人訳（2018）：『エコロジカル・デモクラシー まちづくりと生態的多様性をつなぐデザイン』鹿島出版会

清野 隆（2017）：「外との繋がりで再興する 新潟県長岡市山古志地区」，山崎義人・佐久間康富編著『住み継がれる集落をつくる』学芸出版社，pp.116-126.

清野 隆（2018）：「特集 エコロジカル・デモクラシーのデザイン：世界をつなぐ15の原則 山古志村限界を越えて，つながる」『BIOCITY』，74，pp.94-98.

菅磨志保・山下祐介・渥美公秀（2008）：『シリーズ災害と社会5　災害ボランティア入門』
　弘文堂
東洋大学福祉社会開発研究センター（2013）：「山あいの小さなむら　山古志を生きる人々」
　博文堂
内田雄造・古山周太郎・清野　隆（2009）：「震災前後の山古志地区の営農の状況と仮設住宅で
　の農作業の実態」福祉社会開発研究，2，pp.187-197.
山下祐介（2008）：『シリーズ災害と社会6　リスク・コミュニティ論』弘文堂
にいがたグリーンツーリズム　https://green2rhythm.jp/bousai.html（2019年5月19日参照）
逃げ地図ウェブ　http://nigechizu.com/（2019年5月19日参照）

コラム2
Column

災害時に活きるネットワーク：南三陸町「福興市」

　宮城県の北東部に位置する南三陸町は，2005年に志津川町，歌津町の2町が合併して発足した。東側は太平洋に面しており，海が町の中心地近くまで複雑に入り込んだリアス式海岸特有の地形をしている。その地形を利用してカキ，ホタテ，ホヤ等の養殖業を中心とした水産業と観光業が主要産業となっている。人口は，2020年9月末現在1万2,484人で，大きく志津川，歌津，入谷，戸倉の4つの地区に分かれている。これまでに何度も津波被害を受け，その度に復興を遂げてきた南三陸町は，東日本大震災においても津波により，町役場をはじめ，警察署，消防署，公立病院などの公共施設が流失するとともに，住宅の約7割がほぼ全壊という甚大な被害を受けた。

　しかしながら，南三陸町は他の被災地に比べてきわめて早くから，復興イベントを行ったことで注目をあびた。その復興イベントとは，現在でも毎月最終日曜日に行われている「福興市」である。「福興市」は，震災の1か月半後の2011年4月29，30日を初回に現在も開催されている物産市で，「福を興す」という意味を込めて「福興市」と名付けられた。

　「福興市」が誕生した背景には，震災前から加盟していた「全国ぼうさい朝市ネットワーク」が大きな影響を与えている。これは，自然災害など有事がおこった際に各地の商店街が助け合おうという趣旨で設立された全国組織のネットワークである。阪神・淡路大震災，新潟県中越地震での経験から，安全である被災地の「隣」が拠点となって，被災地を支援することが非常時においては重要であるとの考えからうまれた。震災時には，全国約20か所の商店街がネットワークに加盟していて，南三陸町も志津川地区の「おさかな通り商店街」がそのメンバーであったため，震災後は，南三陸町から最も近いメンバーであった山形県酒田市が中継基地となって，全国各地から届く救援物資を南三陸町へ届けていた。そのようなネットワークのもと「福興市」の実現に至った。その際の売り物としてはネットワークの加盟店ら他の地域で収穫，生産されたもので，住民約1万人に地域通貨を配布，2日間の開催で1万人以上の人々が訪れた。「福興市」は住民同士の再会の場となるとともに，商売人にとっては商売の意義や役割を見いだす機会となり，震災後も商売を行っていく決心をさせるものとなった。その結果，南三陸町では「福興市実行委員会」が作られ，「福興市」が定期的に開催されるようになるとともに，「福興市」

での盛り上がりをきっかけに，仮設商店街の設置が見込まれることになるなどし，2011年12月13日に歌津地区に仮設商店街「伊里前福幸商店街」（その後，常設商店街「南三陸ハマーレ歌津」），2012年2月25日に志津川地区に「南三陸さんさん商店街」（2017年3月3日に常設「南三陸さんさん商店街」）が設立された。

　現在では毎月「銀ざけまつり」や「鮭いくらまつり」等，旬の食材をテーマに開催されており，南三陸町にボランティアとして入っていた学生や企業の社員が，「おでって」（おてつだい）として何度も参加したり，「福興市」を訪れるために東京や仙台などから訪れる人々がいたりするなど，「福興市」の開催100回目にさしかかる今（新型コロナウイルス感染拡大の影響で2021年4月に開催予定）では，住民はもちろん地域外の人々が大きな割合を占めており，地域外とのネットワークの広さがうかがえる。

　これらから「福興市」は，震災前からのネットワークが精神的な支えになり，震災からきわめて早く展開しえたと思われる。また，震災当時の南三陸町は，働く場所がないとともに，津波被害により，親族や友人，隣人といった住民の行方を知る術がなかったため，4月に行われた「福興市」は，住民同士の再会，交流の場となると同時に，商売再開への奮起となり，多くの人々の心の支えになったと考えられる。「福興市」は，平時から外部との繋がりを作っておくことが精神的な支えとなり，被災後の復興を早める大切な条件であることを私たちに教えてくれる好例である。

第5章
人の暮らしとその風景：
自然・文化・社会の継承と発展

1．暮らしの中で創られる景観：文化的景観

（1）文化的景観とは

　「文化的景観」とは，自然と人間の相互作用によって作り出された景観であり，人間の生活を取り巻く自然環境の制約／恩恵をもとに，人々の内外の社会的，経済的，文化的な営みの表象となる景観とされる（山下ら，2017）。地域の人々に固有の生活・生業の営みと風土を表象する文化的景観は，地域の移り変わりとともに変容してきた伝統や歴史を内包し，その結果として眼前に現れている景観であり「生きた景観」とも称される。

　文化的景観は世界遺産において1992年にユネスコによって出された「世界遺産条約履行のための作業指針」において文化遺産の1つとして概念が盛り込まれ，「トンガリロ国立公園（ニュージーランド）」がその第1号とされる。日本においても「紀伊山地の霊場と参詣道」が2004年に，「石見銀山遺跡とその文化的景観」が2007年に文化的景観として登録されている。世界遺産における文化的景観は，以下の3つに分類される（ユネスコ，1992）。

　（1）人間の意志により設計され，創出された景観
　（2）有機的に進化してきた景観
　（3）関連する文化的景観

　「人間の意志により設計され，創出された景観」には，審美性を求めて創られた庭園や公園が含まれ，宗教的記念的建築物やその複合体も含まれる。また「有機的に進化してきた景観」は，①進化の過程が過去のある時点で終始した景観

と②伝統的な生活様式と密接に結びつき現代社会において活発な社会的役割を
維持し進行中の景観の2つがある。

　このような世界遺産の動向に呼応して，日本では2005年に施行された改正文
化財保護法第2条第1項第5号において文化的景観が新たに規定された。文化
庁は文化的景観を「地域における人々の生活又は生業及び当該地域の風土によ
り形成された景観地で我が国民の生活又は生業の理解のため欠くことのできな
いもの」と定義し，新たな文化財保護を開始した。文化庁内に文化的景観の保存・
整備・活用に関する検討委員会が設置され，「風土に根差し営まれてきた生活や
生業を表す景勝地」として一次調査で2,311か所，二次調査で502か所，最終
調査で180か所に絞り，66件を重要地域とした（文化庁文化財部記念物課，2005）。
2005-2007年の期間ではさらに，対象を都市や鉱工業にまで拡げて文化的景観の
所在調査を行い，重要文化的景観の選定を行っている（文化庁文化財部記念物課，
2010）。

　重要文化的景観の選定基準は表5−1のとおりに定められている。世界遺産
と比較して，生きている景観地を対象としており現在も生業・生活が営まれて
いる継続性に重点が置かれていること，都市部も対象地に含んでいることが特
徴となっている。

　文化財保護法では，重要文化的景観に登録されると固定資産税について税制
優遇措置を受けられるだけでなく，国庫補助事業として，①調査事業，②保存
計画策定事業，③整備事業，④普及・啓発事業が可能となる。2006年に滋賀県
近江八幡市の「近江八幡の水郷」が重要文化的景観の第1号として選定され，
2019年10月までに65件が選定されている。

（2）生業から形成される景観とその保全

　2004年の文化財保護法改定以降，文化的景観に関する研究や実践は盛んになっ
ている。研究の対象は，棚田や段々畑・茶畑・果樹園，水路，道，寺社，放牧地，
屋敷林・海岸林・桜樹林など個別要素，敷地単位の小規模空間構造，町並みや
農山漁村集落，里山や森林や流域などの中・広域空間構造など様々である。

　自然の空間スケールについて考えてみると，生態系は私たちの身体のような

表5－1　重要文化的景観の選定基準と要件

重要文化的景観の選定基準		重要文化的景観の要件
1	水田・畑地などの農耕に関する景観地	文化的景観保存計画を定めていること
2	茅野・牧野などの採草・放牧に関する景観地	景観法，文化財保護法，都市計画法，自然公園法，都市緑地法その他の法律に基づく条例で，文化的景観の保存のための必要な規制を定めていること
3	用材林・防災林などの森林の利用に関する景観地	
4	養殖いかだ・海苔ひびなどの漁ろうに関する景観地	
5	ため池・水路・港などの水の利用に関する景観地	
6	鉱山・採石場・工場群などの採掘・製造に関する景観地	文化的景観の所有者又は権原に基づく占有者の氏名，住所等を把握していること
7	道・広場などの流通・往来に関する景観地	
8	垣根・屋敷林などの居住に関する景観地	

　個体の中での小さな循環から，地域や地球全体の大きな循環まで様々なスケールで存在し，それぞれの関係の中で私たちは暮らしている。したがって，自然と結びついた文化からなる景観についても大小それぞれの空間スケールで捉えられる。私たちは器に盛られた一粒のお米からそれらが生産される水田，水田で作業をする農家が暮らす集落や流域，生産と消費の関係にある都市と地方，地域の気候を特徴づける地球にまで，景観を目にし，暮らしを想像することができる。

　前述のとおり文化的景観は「生きた景観」であり，時代に沿った人びとの暮らしの変容にともなう景観の変化も許容するものである。一方でその価値は保護されるべきものであり，モノを守ることだけを追求するのではなく，地域らしさとしての価値の保全が必要であり，その地域らしさを表象する暮らしの継

承が重要となる（惠谷，2014）。この点で，文化的景観の保全については，その適切な運用が課題となっている。

　文化的景観に関して最も進められている研究は制度的側面から社会科学的に景観の形成・維持を扱うものである。例えば，今村ら（2011）は文化的景観における重要な景観構成要素として，工作物や環境物や面的な広がりを有するものまで，これまで扱われなかった景観の要素が保護対象になっている点を指摘しつつ，その多くが「報告物件」として扱われており具体的な保護措置が取られていない点を課題として挙げている。

2．災害と文化的景観

（1）自然と文化をつなぐ景観

　震災など自然災害は地域の自然環境，そこで生活する人びとの暮らしを一変させてしまう恐れがある。地域の生業を継続し歴史を継承するために，地域の自然の中で息づく人の暮らしを景観として象徴する文化的景観の存在は，災害からの復興において都市デザインの方向性を示すひとつの指標になりうるだろう。

　人びとがその地域で暮らす理由の1つに，その場所でしか成り立たない生業の存在がある。農家は土を耕し自分の土地に適した作物の育て方を知っている。漁師は身近な海の変化を感じ，魚が採れる場所や時間を知っている。地域の知恵はその場所の自然環境に基づくものであり，他の場所に移転を余儀なくされた場合，人は新たなやり方を模索しながら生業を続けることが必要となる。このような人間と自然の関係が地域らしさとしての文化的景観の価値となる[1]。

　このような価値の理解によって，災害後の復興において再生すべき地域の景観の核心が明らかになる。どの場所をどのように残すべきか，換言すれば地域の住民の生活を維持するためにはどのような空間が必要となるか，適切な復興計画の立案に欠かすことができない情報となる。

　また，東日本大震災時の岩手県陸前高田市における奇跡の一本松や奇跡的に残った神社のように，文化は復興のプロセスにおいて人びとの心の支えとなり，

復興プロセスを推し進める原動力の源にもなりうる（石川，2013）。人びとが日常で大切にしてきた生活の場をいかに保全していくかが重要となる。そのために，地域の文化的景観，そしてそれを構成する人─自然のシステムを把握し，平素から保全あるいは維持管理について議論を進めておくことが必要だろう。

（2）災害の経験と減災を可能にする景観

　これまでの地域の歴史の中で私たちは多くの災害を経験してきた。そして，健全な自然や生態系が自然災害を軽減することを人は経験知として蓄積してきた。例えば，森林が土砂崩れを防ぎ，海岸の防風林が津波被害を軽減し，湿原や水田は一時的な洪水を受け止める減災機能も有している（環境庁自然環境局，2016）。このような生態系を基盤とした防災・減災の概念は近年その重要性が認識され，行政計画にも位置づけられた。

　2013 年の第 1 回アジア国立公園会議で保護地域を活用した防災・減災の重要性が議論され，生物多様性条約第 12 回締約国会議における議題に「生物多様性，気候変動及び災害リスク削減」が取り上げられるなど，防災・減災対策における生態系活用の重要性に関する認識が高まっている。日本においてもインド洋大津波や東日本大震災をうけて，2014 年から国内外の情報収集や事例調査が開始されている（一ノ瀬，2015）。

　このような生態系を活用した防災／減災は地域の特性に応じた人びとの暮らしの中で古くから実践されてきたものであり，その景観は文化的景観として捉えることができる。これらの研究はまだ始まったばかりであるが，今後も自然・文化・空間に関わる複合的な研究を継続していく必要がある。

（3）文化的景観の保全と観光

　文化的景観の保全においては，地域の自然と人の暮らしの両者の持続性を考えなければならない。したがって従前の景観保全におけるモノとしての物理的な保全策だけでなく，景観を生み出している人─自然の系に関する価値にも焦点を当てることが重要となる。その際に，地域の景観を観て文化を感じることが目的の 1 つとなる観光は，文化的景観の価値の発見や共有，維持発展に寄与

する。中山間地域におけるグリーンツーリズム，街なかにおける都市観光など
がその例である。文化的景観に関わる観光については，直接的な経済的利益も
期待されるが，仮想市場法（CVM）も用いた文化的景観の経済評価では，観光
客は文化的景観を楽しむという間接利用価値に重点をおく傾向にあり，景観に
関心をもつ人びとや観光客による任意の支援が望まれるという報告もある（岩本
ら，2006）。

　文化的景観は地域の自然や文化の表象であるため，観光客は眼前の景観から
地域の歴史を学び，逆に人─自然の系を理解することができる。地域の自然文
化を学ぶ観光の充実が地域の理解者を増加させ，平素や災害時の支援につなが
ることが期待される。

　住民は日常において地域の自然や文化の中で生活しており，身近で当たり前
に存在する環境の価値に気づかない例は稀ではない。行政や研究者が，時には
住民とともに調査を行うことでその価値を発見することができる。まち歩きや
宝探しによるマッピングは日本におけるまちづくりにおいて主要な手法になっ
ており，このような活動は広く行われている。文化的景観においては，その場
で生活している住民と一時的な滞在となる観光客では場所との関わりが異なる
ことに留意しなければならない。前者は生活者としての地域の人びとの心象の
景観として捉え，後者は日常を離れ，目を引き興味をかきたたせる景観として
捉えなければならない。

　山下ら（2017）は住民に対して身近な世界を写真に撮ってもらい映像を分析す
る Photo-Projective Method（写真投影法）と，同様の観光客に対する Visitor-Em-
ployed Photography（訪問撮影法）を実施し比較することで，地域の暮らしに基
づく景観の把握を行っている。また，ランドルフ・T．ヘスター（2018）はアメリ
カのノースカロライナ州マンテオにおいて，市民アンケートを実施し観光客の
ために変えてもよいと思う場所と観光で稼ぐためであっても犠牲にしたくない
場所を把握した。より身近な空間で日々の暮らしで大切にされる場所の多くは，
自然や文化との関係で溢れる場所であり，将来も継承されるべき「聖なる場所」
として守られるべき景観となる。

　このように地域内外のまなざしから景観の本質を見極め，文化的景観として

保全すべき景観を見極め，それを成り立たしめる自然や文化を把握することが重要であり，観光客の視点やそれに対する住民の反応により地域の価値はより明確になるだろう。

3．能登半島地震と輪島の文化：輪島塗と土蔵

（1）輪島市における生業：輪島塗と景観

　輪島市における主要産業の１つに輪島塗がある。輪島塗の起源には諸説あるが，天明年間（1781-1789）には漆器製造業者の同業組合となる大黒講が組織されていることが分かっている。輪島塗における漆器製造は，木地工程・髹漆（きゅうしつ）工程・加飾工程の３つに大別される[2]。生

写真５−１　輪島塗の器

産は工程ごとに分業化がされ，木地屋・塗師屋・加飾屋などが存在する。1975年には通商産業省（当時）により「伝統的工芸品」に指定されている。

　輪島塗に必要とされる原材料には，主に木地・地の粉・漆がある。木地には用途に合わせた木材が使用されるが，ヒノキが分布しない能登半島では同じヒノキ科のアスナロ（能登ヒバ）が多く用いられる。生漆に混ぜて漆器の下地に用いられる地の粉は輪島市の河井町の小峰山から産出される。漆も自生していた。

　輪島塗は山の中の木々や粘土など地域の自然環境を利用しながら生産されてきた。アスナロなどの樹木を植林し，地の粉になる粘土を採掘し，漆掻きを行う。このように地域の文化を代表する伝統工芸は，モノを作るだけでなく地域の景観とも密接につながりながら生産されてきたのだ[3]。さらに髹漆工程（特に上塗）では，塗装面への埃の付着と温度・湿度の変化を避けるために，土蔵の中で作業が行われる。この上塗場となる土蔵は「塗師蔵（ぬしぐら）」と称され，輪島の市街地に点在する土蔵も漆器製造と深く結びついていた。伝統工芸からなる文化的景観の一部なのである。

（2）能登半島地震と被災状況

2007 年 3 月 25 日午前
9 時 42 分頃，石川県能
登半島沖（北緯 37 度 13 分，
東経 136 度 41 分）を震源に，
石川県・富山県・福井県
の広範囲で強い地震が発
生した。震源に近い輪島
市，穴水町，七尾市で震
度 6 強，志賀町，中能登
町，能登町で震度 6 弱の
揺れを観測した。初回の
震源の深さは約 11km，
マグニチュード 6.9 と推

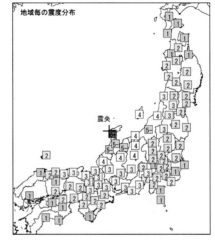

図5-1　能登半島地震の震度分布
出典：気象庁災害時自然現象報告書2007年第1号。

定される（図5-1）。石川県で記録が残されている中では過去最大級であり，
地震による人的被害は，死者 1 人，重傷者 88 人，軽傷者 250 人で，住家被害は
全壊 686 棟，半壊 1,740 棟，一部損壊 26,959 棟，非住家被害は 4,482 棟である。

（3）能登半島地震における被災者への支援制度と土蔵

能登半島地震においては，上述のように建造物の被害が大きかった。とりわ
け多くの土蔵に全半壊の被害があった。住宅の被害については，生活再建支援
制度として国や市・県から受けられる支援を表5-2に示す。罹災証明におけ
る住宅の被災状況に基づき支援がされるが，市や県の上乗せ制度には所得制限
が設けられず支援対象や要件が緩和されている。

また，上記以外にも石川県独自の「能登半島地震復興プラン」（2007）による
住宅再建支援として「能登ふるさと住まい・まちづくり支援事業」がある。これは，
耐震・大雪，バリアフリー，景観配慮，県産材活用，建て起こしにかかる費用
について，住まい・まちづくり協議会を通じて支援を受けるものである。

このように住宅に関わる復興支援が拡充される一方で，伝統的な輪島のまち

表5−2　公的な支援を受けられる住宅の被害

区分		全壊	大規模半壊	半壊	一部損壊	備考
生活再建支援制度	国　　の支援制度	○	○	×	×	所得制限あり生活必需品購入住宅の解体,賃貸住宅の家賃等
	市・県の上乗せ制度	○	○	○	×	所得制限なし住宅修理も含む
住宅の応急修理制度		△	○	○	×	所得制限あり応急修理上限50万円

出典：寺田ら（2008）より抜粋（一部著者修正）。

なみの重要な構成要素として存在していた土蔵に関しては，一般に「非住家」として区分され，復旧／住宅修理の支援制度の対象外であり，公的な補助金としては「解体撤去」を対象としたもののみであった。つまり，土蔵は自己負担なしで解体することが可能であった。

　当時は輪島塗もその他の伝統工芸と同様に後継者不足の問題を抱えており，土蔵を作業場として使用する職人の不在や，土蔵の老朽化を背景に，震災を契機として全半壊した土蔵の所有者の多くは解体申請を行った。その結果，輪島市全体で約600棟もの土蔵が解体されることとなったと言われている（輿石・山田，2009）。

4．事例：輪島における震災復興と土蔵の保全活用

（1）土蔵の保存・修復運動：NPO法人輪島土蔵文化研究会

　前節で述べた土蔵の解体に対して，市民のグループが街並みや産業特性の消滅を危惧して，土蔵の保存・修復運動を開始した。団体の活動は以下の4つを活動の軸とし被災直後から活動を始め，2007年10月には「NPO法人輪島土蔵文化研究会（以下，土蔵文化研究会)」として法人格を取得している[4]。

　i．現状調査による被害状況と可能性の把握

　ⅱ．地震に強い修復工法への技術改良と修復事例の提示

　ⅲ．土蔵を築造，修復する機会の少ない若手左官職人の育成

　ⅳ．遊休化した土蔵を活用した新たなまちづくり拠点の整備

　土蔵文化研究会は震災直後に建物の無料点検相談を行っていた専門家が中心となり，研究者や左官職人，蔵の所有者で意見交換を重ねながら土蔵の保全を進めた。震災直後の4月末からワークショップを実施し，県内外の左官職人やボランティアにより現況調査が行われた。その後7年間におよぶ活動により10棟ほどの土蔵が修復された。土蔵文化研究会は日本を代表する専門家を招聘するなどして，オーナーに対して技術的支援や労働力の提供を行った。

　これまで大きな地震が少なかったこともあり，輪島の土蔵は補強の工程が省かれていたことが修復の中で判明した。職人の育成を兼ねてそれぞれ4つの異なる工法で土蔵の再生を行い，結果全国の左官職人が集まる技術伝承の場ともなった。土蔵そのもので技術研修を行った国内初の取り組みだった。全国の優れた職人を招きながら技術を継承するとともに，左官の仕事に興味を持ったボランティアが左官職人になったとのことである。

　このような活動を契機に，蔵のオーナーは自らが所有する土蔵の構造について知り，研究会の活動により修復が可能であるという選択肢の存在に気づいた。同時に，自分たちの土蔵がもつ地域的な価値を認識する機会となった。また，延べ1,000人を超えるボランティは土やワラや竹や縄など自然素材による空間づくりを体感し，職人の技術に触れた。

（2）蔵を利用した交流

　土蔵文化研究会の支援によって再生された土蔵のなかには，修復後に展示ギャラリーや音楽演奏を行うなどして地域に公開されるものもある。これまでオープンにされなかった空間が震災を機に地域的な価値が付加され，新たな活用がなされるようになった。

写真5-2　土蔵のギャラリー

　遊休化している土蔵の中で，裏路地など母屋を通らずに入ることができる土蔵については，土蔵文化研究会が定期借用を行い，修復した後に活用をする方針をとり2軒2棟の土蔵を再生した。それぞれの土蔵は10年の借用期間に，コミュニティレストランとコミュニティガーデン，そして左官技術研修所として利用された。

　また，土蔵文化研究会ではこれらの活動を支えるために「土蔵へどうぞ」と銘打ったコミュニティファンドを創設し，活動を広く周知するとともに運営資金の調達を行っている。当初は1口3万円で寄付を募り，地元の酒と輪島塗を返礼に贈与するものであった。約170名の協力者からおよそ600万円の出資を得ることができた。

　さらにコミュニティファンドのシステムを発展させて，土蔵の再生だけでなく地元の漆器製造の技術研修をコミュニティファンドと結びつけ，地域内外の経済的なつながりを文化の継承に接続する試みが実践された。具体的には，上記のコミュニティレストランや左官技術研修所の建設を社会実験として位置づけ，賛同者への返礼品に遊休の土蔵から出た戦前の輪島塗が利用された。土蔵の所有者から土蔵文化研究会が輪島塗を譲り受け，それらを漆芸研修所の研修生が中塗りまで行い職人が仕上げを行ったもの，そしてオリジナルのお酒を返礼品とした。

　以上のように，土蔵文化研究所の取り組みは震災により被害を受けた土蔵を再生するだけでなく，現代的な意味をかつての土蔵に取り込みながら発展した形でその姿を蘇らせている。地域の文化の象徴となる土蔵は構造的に震災に強いものになるとともに，地域外の人を巻き込みながら職人の研修の場として文化の伝承にも寄与している。地域における伝統的な空間・文化・自然のサイクルを形作り，そこに地域内外の人びとが関わる経済的社会的な仕組みを生成している。

（3）文化的景観の再生の取り組みを学ぶ観光の可能性

　2017年8月に金沢大学地域政策研究センターが主催する国際シンポジウム「暮らしと自然と文化的景観」が開催された。シンポジウムの議題は生物多様性と

文化多様性のつながりを考えながら「文化的景観」をキーワードに人の生活と自然の営みが両立できる持続的な都市の未来を考えることであったが，シンポジウムの前に国内外の研究者や学生計26名が金沢・能登のスタディツアーを実施し，地域の暮らしや自然，景観に関する経験を共有し議論を行った。前節で取り上げたNPO法人輪島土蔵文化研究会の取り組みも視察先の1つとなった。

　スタディツアーでは，シンポジウムで共催となった「エコロジカル・デモクラシー財団」の協力の下，文化－自然－ランドスケープの連環をより意識し思考を巡らせるためのツール「エコデモ発見シート」を用いて行った。シートを各人が手にし，視察先で気づいたことや感じたこと，説明を受けて分かったことなどを文化多様性・ランドスケープ・生物多様性の欄に記入し，それらのつながりを考えた。そして個人のシートのデータをまとめ，その結果について全体で議論した。

　NPO法人輪島土蔵文化研究会の活動を視察し，共有された事項を図5－2に示す。スタディツアーの参加者は活動について説明を受け，実際に土蔵における左官職人の仕事の結果を目にし，所有者から震災当時から現在に至るまでの経緯や活動状況についての話を聞いた。

　参加者は輪島の町に点在する土蔵から，それらに利用される材料としての自然，土蔵を舞台に地域に根づく漆器の文化を知ることができた。そのつながりは，町として広がる景観から土蔵の建築物，そして土蔵の中で生産／展示される漆器まで様々なスケールで現れる。また，個々の土蔵は工法だけでなく使われ方も異なり，その個性は「自分が土蔵に対して抱いている思いを共感してもらいたい」「土蔵に対する思いやりを循環させたい」という感情から生まれていることを参加者は知った。

　このスタディツアーでは，伝統工芸としての輪島塗や建築物としての土蔵の背景にある歴史や文化を知るだけでなく，自然と文化の複雑な連環を理解することができた。土蔵文化研究会の活動により震災を機に新たな空間として生まれた土蔵の存在があり，その風景を目にしながら住民に話を聞くことで，ツアー参加者は自然や文化の多様なつながりに気づき，地域内外の人が集う新しい社会性のもとで地域のアイデンティティーが継続されていることを理解した。

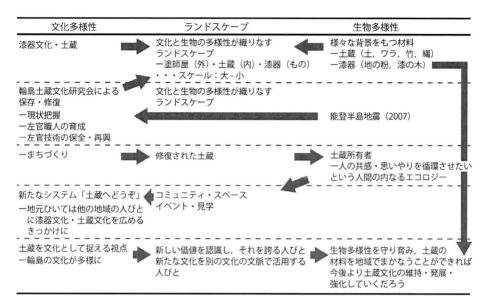

文化多様性	ランドスケープ	生物多様性
漆器文化・土蔵	文化と生物の多様性が織りなすランドスケープ ー塗師屋（外）・土蔵（内）・漆器（もの） ・・・スケール：大 - 小	様々な背景をもつ材料 ー土蔵（土，ワラ，竹，縄） ー漆器（地の粉，漆の木）
輪島土蔵文化研究会による保存・修復 ー現状把握 ー左官職人の育成 ー左官技術の保全・再興	文化と生物の多様性が織りなすランドスケープ	能登半島地震（2007）
ーまちづくり	修復された土蔵	土蔵所有者 一人の共感・思いやりを循環させたいという人間の内なるエコロジー
新たなシステム「土蔵へどうぞ」 ー地元ひいては他の地域の人びとに漆器文化・土蔵文化を広めるきっかけに	コミュニティ・スペース イベント・見学	
土蔵を文化として捉える視点 ー輪島の文化が多様に	新しい価値を認識し，それを誇る人びと新たな文化を別の文化の文脈で活用する人びと	生物多様性を守り育み，土蔵の材料を地域でまかなうことができれば今後より土蔵文化の維持・発展・強化していくだろう

図5-2　スタディツアーで得られた文化・景観・自然の連環

写真5-3　土蔵所有者からの説明

写真5-4　塗師屋の仕事と土蔵風景

写真5-5　NPOの活動について知る

写真5-6　左官の仕事に触れる

5．災害と自然・社会・文化の継承：文化的景観

　これまでの議論を通じて，災害への「備え」および復興を推し進める上で文化的景観の観点から地域に求められる点について論じる。最後に復興につながる指標を示してまとめとする。

　文化的景観の存在自体が防災や減災につながる事例も多くあるが，万が一の被災の事態には，文化的景観の象徴となる場所は，輪島における土蔵のように，地域の人びとだけでなく地域外の人にとっても特別な場所となる。このような場所は人びとの関心を集め，人を呼び込み復興を加速させる場所となる。そのような場所の価値は時には被災後に強く認識されることもあるが，あらかじめ価値を共有することが重要である。

　また，文化的景観は自然と人の暮らしを象徴するため，被災した町で文化的景観が修景される事自体が復興の証ともなる。さらに，文化的景観は「生きた景観」というその概念から「復原」という言葉は馴染まない。輪島の土蔵は震災を機に新たな活用がされ，地域内外のコミュニケーションを生む舞台となり，新しい景観を創り出している。地域における歴史的な自然や文化を基にしながら被災を機に新たな社会を形成し，その活動が新しい価値を生み出した。地域の住民と研究者や専門家，それを支援する行政の3者が協働する体制も鍵となるだろう。

文化的景観：復興につながる災害弾力性評価指標

- 住民：コミュニティの暮らしの維持
  - 地域の災害に関する知や経験の伝承
  - コミュニティにおける祭祀やイベントの継続
  - 地域的な産業としての生業の継続
  - 地域外の人びととの交流

- 研究者や専門家：文化的景観に関する調査研究の実施
  - 土地利用の履歴の把握
  - 自然と生業の関係およびその歴史的変遷の把握
  - 地域の日々の暮らしの中で象徴となる大切な場所（聖性）の把握

- 行政：文化的景観の保全・活用
  - 文化的景観の構成要素となるハードの保全
  - 市民の生業の継続に係る産業支援
  - 自然環境の保全整備
  - 地域の日々の暮らしの中で象徴となる大切な場所（聖性）を活用した発展的な活動の推進
  - コミュニティ活動の支援

【注】

1）一方で，人が移動し新たな場所でその土地の自然環境に適応した暮らしを行うことが，文化の多様性を生んできたことも重要な事実である。
2）木地工程は樹種や加工法の差異によって，指物木地・朴木地・椀木地・曲物木地の4つに細別され，髹漆工程には下地・中塗・上塗の3段階がある。また，加飾工程は，蒔絵・沈金・呂色に細分される。
3）現在の輪島塗では，他産地と同様に地域内での原材料の確保が非常に難しい状況にある。特に手間のかかる漆の生産は多大なコストがかかるため，輸入品が主となっている。このような状況に対して，輪島では1970年から地域内での漆の植林が行われており，2011年から輪島漆再生プロジェクト実行委員会が組織されている。
4）NPO法人輪島土蔵文化研究会は2014年9月に活動の目的を達成したとしてNPO法人を解散し，現在は任意団体として活動を継続している。

引用・参考文献

相田　明（2011）：「岐阜県恵那市坂折棚田における文化的景観の保全活動史」ランドスケープ研究，74（5），pp.409-414.
碇山　洋（2007）：「本源的自治と公財政，現物給付と貨幣給付の区別と相互連関：能登半島地震

が提起する社会経済学的課題」地球科学，61(4)，pp.309-313.

石川幹子（2013）：「災害に強いまちづくり分科会提言を踏まえて」学術の動向，18(2)，pp.38-43.

一ノ瀬友博（2015）：「人口減少時代の農村グリーンインフラストラクチャーによる防災・減災」農村計画学会誌，34(3)，pp.353-356.

今村洋一・大島夕起・岡崎篤行（2011）：「重要文化的景観制度の運用実態と展望：全国の事例を俯瞰して」土地総合研究，pp.1-10.

岩本博幸・垣内恵美子・氏家清和（2006）：「CVMを用いた伝統的建造物群保存地区の文化的景観の経済評価：高山市における事例研究」都市計画論文集，41(2)，pp.18-24.

氏家清和・垣内恵美子・奥山忠裕（2006）：「文化的景観の経済波及効果：広島県宮島における観光客調査」都市計画論文集，41(2)，pp.49-56.

惠谷浩子（2014）：「文化的景観という取組の有効性と課題」農村計画学会誌，33(2)，pp.157-158.

大森洋子・高口　愛・西山徳明（2003）：「文化的景観条例による町並み保存と景観形成の手法：福岡県八女市における事例報告」都市計画論文集，38(3)，pp.565-570.

環境庁自然環境局（2016）：「生態系を活用した防災・減災に関する考え方」，pp.2-3.

菊池淑人（2012）：「「世界遺産」の棚田をめぐる国際的国内的保護の変遷：フィリピン・イフガオの棚田と伝統的文化空間の保護に関する研究その1」日本建築学会計画系論文集，77（679），pp.2265-2270.

古賀由美子・田中尚人・永村景子・本田泰寛（2010）：「通潤用水の維持管理の変遷とその実態の明示」土木史研究論文集，29，pp.49-58.

輿石直幸・山田宮土理（2009）：「能登輪島の土蔵およびその修復に用いられた壁土の性質」日本建築学会技術報告集，15(30)，pp.377-382.

寺田昌史・内田　伸（2008）：「能登半島地震における地域特性を考慮した生活再建方法について」石川工業高等専門学校紀要，40，pp.67-72.

鳥海基樹・斎藤英俊・平賀あまな（2013）：「フランスに於けるワイン用葡萄畑の景観保全に関する研究：一般的実態の整理とサン・テミリオン管轄区の事例分析」日本建築学会計画系論文集，78(685)，pp.643-652.

萩野紀一郎（2008）：「土蔵の耐震改修／輪島」建築技術（特集：実務の現場から学ぶ既存木造住宅の耐震改修），697，pp.158-161.

文化庁文化財部記念物課（2005）：「日本の文化的景観―農林水産業に関連する文化的景観の保護に関する調査研究報告書」同成社

文化庁文化財部記念物課（2010）：「都市の文化と景観」同成社，p.25.

松島洋介・奥　敬一・深町加津枝・堀内美緒・森本幸裕（2008）：「琵琶湖西岸の里山地域における身元住民と移入住民の景観認識の比較」ランドスケープ研究，71(5)，pp.741-746.

山下三平・丸谷耕太・内山　忠・栗田　融（2017）：「陶芸の里・小石原皿山の景観表象の把捉と評価－実存的景観論の試み－」土木学会論文集D1（景観・デザイン），73，pp.1-20.

ユネスコ（1992）：「世界遺産条約履行のための作業指針」

鎧塚典子・山本祐大・島　英浩・形田夏実・吉田国光（2015）：「熊本県天草市崎津における漁村景観維持の背景：保全活動と生業変化に着目して」地理科学，70(1)，pp.1-21.

渡辺綱男・佐々木真二郎・四戸秀和・下村彰男（2012）：「わが国における国立公園の資源性とその取扱いの変遷に関する研究」，ランドスケープ研究，75(5)，pp.483-488.

ランドルフ・T. ヘスター・丸谷耕太（2018）：「エコロジカル・デモクラシー：まちづくりと生態的多様性をつなぐデザイン」鹿島出版会

Ⅲ

「教育的エンジン」としての観光

第6章
観光地における自然災害と自然科学的知識

1. 自然災害と日本の観光地

　2019年のゴールデンウィークは，天皇即位の日である5月1日を祝日扱いとする特別立法が成立したことにより，前後の4月30日と5月2日も国民の休日となり10連休となった。福島県で最も観光客入込数の多い観光地の1つであり年間約200万人が訪れる裏磐梯（川﨑，2012）も，連日多くの人出で賑わった。裏磐梯は，2011年の東日本大震災の際の東京電力福島第一原子力発電所事故に伴う広範囲にわたる放射性物質の飛散の影響で，福島県内全域，あるいは会津地域で震災後の観光客数が落ち込んでいた時期にも，震災前の観光客入込数を維持していた観光地である[1]。裏磐梯は青系の色が美しい五色沼湖沼群を含む大小300の湖沼や磐梯山の山肌の景観で知られる。観光客にとって魅力的な裏磐梯の景観は，約500人といわれる犠牲者を出した明治以降の日本で最大の火山災害によってもたらされたものである。1888年に磐梯山は噴火（水蒸気爆発）して山体崩壊を生じ，北側の山麓と谷を岩屑なだれが埋め立てた。裏磐梯の多数の湖沼はこの岩屑なだれによって河川が堰き止められたこと（桧原湖，小野川湖，秋元湖など），あるいは岩屑なだれ堆積物上にできた凹みに湧水や表流水がたまったこと（五色沼湖沼群，レンゲ沼，中瀬沼など）によりできたものである（図6-1）。磐梯山北面の山肌の荒々しい景観は，噴火による山体崩壊の際にできた崖である。五色沼湖沼群の青い色彩のもととなっているのはイモゴライトに似た未知のアルミノケイ酸塩（アロフェンといわれていたが，違う物質である事が最近わかった）を主成分とするナノ物質で（Takagai et al., 2016），これも火山活動に由来する。また，五色沼湖沼群周辺など裏磐梯の磐梯山山麓の森林の大部分は，明治から

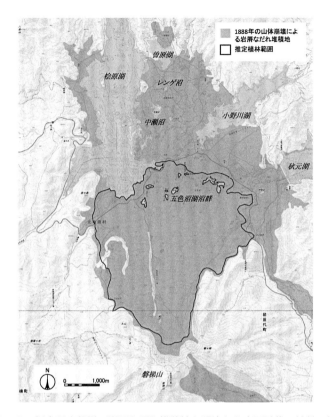

図6−1 福島県裏磐梯の岩屑なだれ堆積地と明治から大正時代の植林の範囲

出典：2015年11月5日にダウンロードした地理院地図より作成。岩屑なだれ堆積地は国土地理
院（2003）による。植林範囲の推定方法については黒沢（2016a）参照。

大正時代の復興目的の植林に由来する（阿部，2012；黒沢，2016a）。このように，
裏磐梯の観光資源は，火山活動，噴火，山体崩壊という自然災害，およびその
後の植林という復興事業と密接な関係がある（黒沢・塘，2016）。

　日本列島は4つのプレート（北米プレート，太平洋プレート，フィリピン海プレー
ト，ユーラシアプレート）の衝突部という，世界的にみても類例のない複雑な地殻
の上にある（磯崎，1991）。プレートの衝突により，日本列島は大地震の世界的な
集中域となり，太平洋プレートの活発な沈み込みにより，世界でも有数の火山
列島となっている（中村，1986）。日本で生じる巨大地震やそれに伴う津波，火山

の噴火や火砕流，降灰などの自然災害は，このような特殊な地殻によるもので
ある（望月，2017）。一方，別府などの温泉，東尋坊などの海崖，奥入瀬などの渓流，
日光湯の滝などの滝，裏磐梯五色沼湖沼群などの湖沼，富士山などの名峰といっ
た自然の観光資源の多くは，プレートの活動やそれに伴う火山の活動と何らか
の関連があるものであり，自然災害とも密接なつながりがある。NHK で 2008
年から放映されている「ブラタモリ」は，このような観光資源と地質や自然災
害の関係をわかりやすく伝える好番組である。裏磐梯を紹介した回（「会津磐梯山
は“宝の山”？」，2016 年 7 月 16 日放映）でも，観光資源である五色沼湖沼群や銅沼
周辺の景観の成因として磐梯山の噴火と山体崩壊という自然災害があったこと
が取り上げられ，模型などを交えながら説明がなされた（NHK「ブラタモリ」制作班，
2017）。

　温泉，海崖，渓流，滝，湖沼，名峰など，災害とも関連がある自然の魅力を
活用するとともに災害防備につなげるような，地域の自然を活かした観光や関
連活動としてエコツーリズム，ジオパーク，復興ツーリズムが挙げられる。エ
コツーリズムは地域固有の自然，歴史，文化などを活かした観光で，これらの
持続可能な利用や適切な保全なども包含する活動である（真板，2001；敷田・森
重，2001）。2008 年にはエコツーリズム推進法が施行され，仕組み作りや他の
自治体等への普及を目的としたエコツーリズム推進モデル事業（平成 16 〜 19 年
度）や団体の認定等が行われ，各地でエコツアーに関するプログラムが作成され
た。エコツーリズムは被災地での観光振興としても期待が寄せられている（井出，
2009）。ジオパークは地球科学的な価値を持つ遺産「ジオヘリテイジ」を保全し
つつ，見所を「ジオサイト」に指定し，教育やツーリズム「ジオツアー」に活
用を進める地域認定プログラムである（大野，2011）。日本ジオパーク委員会が日
本ジオパークを認定し，ユネスコが世界ジオパークを認定している。日本の場合，
ジオパークは火山や断層など自然災害と関連が深い地形が含まれる場合が多い
ことから，防災教育の活動も盛んである（コラム 3 参照）。

　エコツーリズムやジオパークが，地域の自然を活かす中で，場所によっては
そこで生じた自然災害や復旧・復興に触れることがあるのに対し，復興ツーリ
ズムは災害や復旧・復興そのものを観光資源に位置づけたものである。「復興

ツーリズム」という言葉自体は大森（2012）が東日本大震災後に提唱した比較的新しい言葉で，自治体や民間が進める，被災地や復興の現場，災害後に整備された保存施設や記念館を観光の場にする事業を指す。この言葉の提案以前からこのような取り組みは一部で始まっており，研究なども行われていた。事業の中には，慰霊や災害の伝承，防災教育などの目的も併せ持つ場合がある（橋本，2011）。大きな人的被害をもたらした自然災害を観光に活用するには，「負の遺産」ゆえの難しさや複雑さも存在することが指摘されている（植村，2009）。復興ツーリズムに関する本格的な取り組みとしてよく知られた初期の例は，1990 ～ 1995 年の雲仙普賢岳で生じた噴火による火山災害の後におこなわれた島原市による火山観光化であろう。「復興ツーリズム」という言葉がなかった時期に始まった取り組みであるが，全国的なニュースとなった知名度を逆手にとって，火山噴出物，災害遺構，防災施設，火山災害学習施設をネットワーク化した平成新山フィールドミュージアム構想を掲げて火山観光を推進している（高橋ほか，2000, 2002；其田ほか，2006；橋本，2011）。

　他章やコラムで詳しく述べられているため，エコツーリズム，ジオパーク，復興ツーリズムについてはこれ以上の詳細には触れない。ここではこれらの観光が社会の災害への耐性，すなわち「災害弾力性」（広瀬，2007；橋本，2016）にもつながること，地域の自然の調査研究や普及啓発が重要であること，そのための施設，専門家が必要であることについて，以下で論を展開したい。

２. 観光地の災害弾力性における 自然科学的調査研究や普及啓発

　上述のように，特殊なプレートの上にある日本の優れた観光地の一部は自然災害と深い関連があり，エコツーリズム，ジオパーク，復興ツーリズムのような，自然や自然災害に関する知識や経験を使った魅力ある観光や関連する活動が行われているところもある。一方で，自然災害を観光に活用するには，その災害の原因となる自然現象に関する自然科学的な調査研究や，災害という人的な被害を扱う故の慎重で洗練された普及啓発が必要である。本書第７章で論が展開

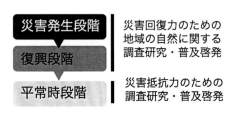

図6-2　自然災害復興の段階と必要とされる調査研究・普及啓発

されている，自然災害復興サイクルのステージ（図7-6）毎に，観光の関わり
方が異なっていくべきであるという指摘は，自然科学的な調査研究やその普及
啓発の関わり方にも当てはまるであろう。自然災害復興サイクルのステージに
よって，必要とされる自然科学的な知識が異なるからである（図6-2）。広瀬
（2007）や橋本（2016）らが提唱し，本書のテーマともなっている災害弾力性とい
う概念に照らせば，災害発生段階から復興段階では災害回復力のための地域の
自然に関する調査研究・普及啓発が，平常時段階では災害抵抗力のための調査
研究・普及啓発が重要となる。

　災害発生段階から復興段階では，災害回復力のために，余震や大雨後の土砂
崩れなどのさらなる被害防止の事業や復旧事業の際に地域の文化財，地元住民
による利用，貴重な自然などへの配慮が望まれる。具体的には，被害拡大防止
や復旧事業の必要性と地域固有の自然，文化，民俗の重要性を天秤にかけ，箇
所ごとに後者に適切な配慮をした事業実施案を作る作業になる。著者が関わっ
た復旧事業での経験から，そのために（1）事業者側の復旧事業後も見据えた
長期的な視野，（2）自然，文化，民俗の専門家側の地域に関する広い知識，（3）
住民の地域に関する深い理解や誇り，のいずれもが必須であることを指摘した
い。また，防災や復旧の事業のための限られた時間の中で，互いの立場を理解
し，知恵を出し合うような信頼関係を構築しなければならない。なかなか困難
なことであるが，復旧事業後の災害から地域が回復する過程で，地域固有の自
然，文化，民俗等が災害回復力の「エンジン」として必要となる時が来るため
（本書第1章），災害弾力性を考えると重要なことである。実は，自然や文化，民
俗など地域の実情を考慮しない画一的な復旧事業の場合，特にこれに加えてコ

ストも気にしなくてよい場合，地域の自然に関する調査研究・普及啓発はさほど必要がない。後述するように，東日本大震災では，大部分の海岸で地域の実情を考慮しない画一的な復旧事業がおこなわれてしまった。もちろん例外的に配慮された場所もあるが，総体的には，災害回復力のエンジンの多くが失われてしまった地域がどうなるかという，壮大な社会実験が行われているとみることができるような状況である。もちろん，地域の自然，文化，民俗に重きを置かず，むしろこれらを徹底的に破壊し，多額の税金や資本を投入することにより，新たな主体による新たな地域興しをする復興もありうる。このような復興は，もとの住民が疎外され，自然，文化，民俗が失われる点を非難して「ショック・ドクトリン」(惨事便乗型資本主義) と呼ばれることがある (Klein, 2007)。東日本大震災でも一部そのような側面を持った復興事業が行われているとの指摘がある (古川，2015)。

　平常時段階では，災害を忘れることがないよう被災地保存や災害記念館を整備すると共に，災害をもたらす地域の自然に関する基礎調査を日頃から進めておくことや，住民や観光客へ普及啓発しておくことが，災害抵抗力のために重要となる。防災設備も本来平常時に進めておくことが望ましいが，自然が有する多様な機能や仕組みを活用して防災・減災や住環境の向上を図るグリーンインフラの整備には，地域の自然に関する基礎的な調査研究から得られた知見が必要である。「生態系を活用した防災・減災」(Ecosystem-based disaster risk reduction；Eco-DRR) の概念を取り入れて 2015 年に閣議決定された国土形成計画や社会資本整備重点計画にもグリーンインフラの概念や施策の方向性が盛り込まれており (岩浅，2015)，土木や防災分野では，地域の自然に関する知見はさらに重要性を増すであろう。Eco-DRR やグリーンインフラの概念は観光地での災害弾力性を考える上で重要と思われるが，国内外での最近の動向や方向性については岩浅・西田 (2017) やグリーンインフラ研究会ら (2017) を参考にされたい。

　災害発生段階から復興段階，および平常時段階のいずれにおいても，ポイントとなるのは調査研究・普及啓発を行う施設設備の存在と専門家の存在である。調査研究に関してはその地方の大学や研究機関とその研究者，普及啓発に関してはビジターセンターとその職員，両方に関わるものとして地方の博物館 (資料

館，科学館を含む）とその学芸員がある。復興段階での観光に対する博物館の有用性については，井出（2009）も指摘をしている。図7-6で示された平常時の「教訓」「教育・伝承」「防災」「備え」の各段階に積み重ねた調査研究・普及啓発活動が，災害抵抗力や災害回復力を高めると考えられる。観光地においては，地域の自然や災害に関する調査研究・普及啓発活動と観光との両立を図る，あるいはさらに踏み込んで，先に簡単に紹介したエコツアー，ジオパーク，復興ツーリズムのように活用を図ることにより，効果をさらに高めることが期待される。

3．東日本大震災被災地の災害弾力性

　自然災害の災害弾力性における地域の自然に関する調査研究や普及啓発の重要性について，逆説的に示唆しているとも言えるかもしれないのが，東日本大震災の被災地である。大きな被害に見舞われた岩手県，宮城県，福島県の沿岸部には，自然史博物館はなく，自然史系学芸員のポスト（嘱託等も含む）のあった博物館は陸前高田市立博物館，陸前高田市海と貝のミュージアム（岩手県）と南相馬市博物館（福島県）程度であった。ただし，展示機能は持たなかったが，研究者が調査研究と教育に絞った活動を行う南三陸町自然環境活用センター（岩手県）もあった（阿部・太齋，2017）。大船渡市立博物館，陸前高田市立博物館，陸前高田市海と貝のミュージアムではしばしば企画展などで津波をテーマとした展示を行ってきたが（大石ほか，2013），この地域全体としては例外的な取り組みであった。岩手県，宮城県，福島県沿岸部は，自然史系の博物館施設が貧弱な地域であったが，そもそも東北地方自体が自然史博物館や大型の総合博物館がなく，この分野では国内で最も遅れた地方の1つである。震災後の調査研究，普及啓発も概して進んでいない。震災後7年までの，この地域の博物館等の施設で開催された震災や被災地に関する特別展や常設展示の一覧を表6-1に示す。5回の特別展を開催した南相馬市博物館が被災地で突出した取り組みをしているが，これを除くと震災の甚大さや社会の関心と較べて低調といわざるを得ない。一方で，被災地から離れた自然史博物館や大型の総合博物館で震災や被災地に関する特別展や常設展示が震災後速やかに行われた。

表6-1　東日本大震災で大きな被害の出た岩手県、宮城県、福島県の博物館等で2017（平成29）年度までに開催された震災関連の主な展示

県	博物館名	展示カテゴリー	期間	展示名	備考
福島県	南相馬市博物館	平成24年度特別展	2012年4月28日～6月10日	阿武隈山地の生き物たち　未来に向かって、生きる	無償パンフレット（18ページ）発行
宮城県	仙台市科学館	企画展示	2013年1月26日～1月27日	～震災からもうすぐ2年～　仙台市の自然は今	
岩手県	岩手県立博物館	テーマ展	2013年1月5日～3月17日	平成の大津波被害と博物館　～被災資料の再生をめざして～	無償パンフレット（16ページ）発行
福島県	南相馬市博物館	平成25年度特別展	2013年4月27日～6月16日	福島に生きる　福島県の野生生物とナチュラリストたち	無償パンフレット（18ページ）発行
岩手県	大船渡市立博物館		2014年1月28日～	東日本大震災状況写真展　Part1　～3.11 巨大津波襲来、襲い夜が明けて、はじめの3日間～	
宮城県	仙台市科学館	小企画展	2014年3月1日～3月16日	蒲生干潟の今・昔	
福島県	南相馬市博物館	平成26年度特別展	2014年4月26日～6月8日	被災地の原野に生きる　南相馬市の生き物と人・暮らし	無償パンフレット（22ページ）発行
岩手県	遠野市博物館	特別展	2014年5月24日～6月22日	巡回写真展「東北～風土・人・くらし」	
福島県	福島県立博物館	夏の企画展	2015年7月18日～9月13日	被災地からの考古学1　―福島県浜通り地方の原始・古代―	企画関連講演会（「ふくしま復興調査元年―阪神淡路大震災と東日本大震災―」など5回）。いわき市末古資料館、南相馬市博物館で移動展。
福島県	福島県立博物館	特集展ふくしま震災遺産保全プロジェクト	2016年2月11日～3月21日	震災遺産を考える―ガレキから我歴へ	3Dデジタル震災遺構アーカイブ体験展示同時開催、トークセッション（2月18日）、シンポジウム「震災遺構を考える―震災を伝えるために―」(3月19日)
岩手県	大船渡市立博物館		2016年12月1日～2017年3月31日	3.11 東日本大震災　三陸大津波写真展	有償図録（500円、16ページ）発行
岩手県	岩手県立博物館	テーマ展	2016年12月17日～2017年2月26日	大津波と三陸の生物	有償パンフレット（200円、14ページ）発行
福島県	南相馬市博物館	平成28年度特別展	2017年1月14日～3月26日	櫻井先生のあつめた浜通りの花々　半世紀、一万点の押し花標本　～櫻井信夫・写真コレクション～	無償パンフレット（4ページ）発行
福島県	福島県立博物館	特集展ふくしま震災遺産保全プロジェクト	2017年2月11日～4月11日	震災遺産を考える～6本の年輪～	3Dデジタル震災遺構アーカイブ体験展示同時開催（3月1日～3月12日）、トークセッション（3月23日）
福島県	南相馬市博物館	平成29年度特別展	2017年9月2日～10月22日	「被災地の海を生きる　―わたしたちの海　未来につなげる碧い海―」	無償パンフレット（18ページ）発行
福島県	福島県立博物館	特集展ふくしま震災遺産保全プロジェクト	2018年3月3日～4月11日	震災遺産を考える　―災害の歴史と東日本大震災―	

　例えば，東京の日本未来科学館では震災が起きた直後の2011年3月に震災に関する解説の特設サイトをインターネット上に設け，6月11日からミニ展示「東日本大震災から考える」を行い，2016年4月には常設展「100億人でサバイバル」をオープンしている（https://www.museum.or.jp/modules/topics/?action=view&id=813，2020年4月12日確認）。ロンドン自然史博物館も火山と地震の常設展（the Volcanoes and Earthquakes gallery）で1995年の阪神・淡路大震災とともに東日本大震災を大きく取り上げている。被災地でその災害に関する展示を行うには，慎重さとともに専門家としての技量が必要である。東日本大震災の被災地で震災に関する展示が少なかったのは，やはり自然史系学芸員が少ないことも大きく影響しているであろう。南相馬市博物館の震災に関する展示が，この地域で例外的に存在した自然史系の学芸員の献身的な働きにより継続的に開催されていたことは，象徴的である。エコツーリズムに関しても，陸中海岸国立公園や南三陸金華山国定公園を擁する地域でありながら，推進モデル事業も推進法認定団体も存在しなかった。また，ジオパークに関しても，リアス式海岸など有名な地質に恵まれていながら，震災当時認定されていたものはなかった。ただし，いわて三陸ジオパーク構想は震災前から存在しており，震災直前の2011年2月2日にいわて三陸ジオパーク推進協議会がちょうど設立されたところであったという（大石ほか，2013）。震災後の2013年9月には三陸ジオパークが日本ジオパークに認定されている。ともあれ，地域の自然に関する研究機関に乏しく，自然の観光への利用も低調な地域，すなわち災害弾力性の「教育的エンジン」（橋本，2016）の弱い地域を東日本大震災が襲ったということは言えるであろう。

　東日本大震災の福島第一原子力発電所事故で大きな被害に見舞われて，震災後8年を経てなお一部の地域が帰還困難区域に指定されている，福島県浜通り地域も概してそのような地域であった。震災前の福島県浜通りに有力な自然史博物館があったら，あるいは自然を活かした観光が盛んであったら，高い災害抵抗力を持つことができ，福島第一原子力発電所事故は防げたかもしれない。そのような地域であったら，そもそも原子力発電所も立地していなかったかもしれない。福島県浜通りは，日本で初めて発見された首長竜であるフタバスズ

キリュウでも有名なように，白亜紀の恐竜，首長竜，アンモナイトなどの化石を産する地層（双葉層群）がありながら，自然史博物館が作られることはなかった。また，浜通りの相馬市松川浦は大小の島や岩が点在することから日本三景の松島になぞらえて「小松島」とも評され1927年に日本百景にも選ばれた景勝地であったが，結局景観を観光に積極的に活かすことはなく，島を削り浦を矢板護岸で囲んでしまった（阿部，2008）。

　東日本大震災の復旧・復興事業は残念ながら，概してあまり自然や景観に配慮をせずに進められてしまった（西廣ら，2014；日本生態学会東北地区会，2016；配慮された事例については，黒沢，2016b，2020で紹介されている）。これは，東日本大震災の被害があまりに大きかったことにより震災直後は何より防災が優先されたこと，想定されていなかったため震災後に急いで復旧事業に関する指針や計画が作られたので復旧事業の際の自然や景観への配慮に関する具体的な指針が作られなかったこと，被災地の国の出先機関や自治体に余裕がなかったことなどによると思われる（黒沢，2014，2016b）。海岸の堤防高は，海岸における津波対策検討委員会の議論を踏まえて出された2012年7月8日の農林水産省と国土交通省による「設計津波の水位の設定方法等について」の通知による（横山，2012）。海岸防災林の復旧事業は，林野庁が設けた東日本大震災に係る海岸防災林の再生に関する検討会が2012年2月に取りまとめた「今後における海岸防災林の再生について」（https://www.rinya.maff.go.jp/j/tisan/tisan/pdf/kaiganbousairin-saisyuuhoukoku.pdf, 2020年4月12日確認）に基本的に従って行われている。一方で，環境省等の保全に関わる行政機関が復旧事業の際の自然や景観への配慮の指針などをまとめることはなかった。また，例えば海岸防災林復旧の指針である「今後における海岸防災林の再生について」には「地域の実情…を踏まえ」ること，「地域の生態系保全の必要性等を踏まえ」ることなども記されているが，結局はどこも一律の形状の盛土上に植林が行われるような画一的な復旧がなされた。日本学術会議は海岸林あるいは砂浜や人里などの周辺も含めた多様な生態系としての「エコシステム・ユニット」を活用した海岸防災林の整備を提言しているが（日本学術会議東日本大震災復興支援委員会災害に強いまちづくり分科会・環境委員会環境政策・環境計画分科会，2014），結局そのような方法で海岸防災林が整備され

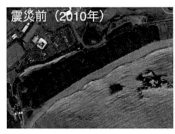

図6－3　岩手県陸前高田市高田松原の震災前および復旧事業中の衛星写真

出典：Google Earth（画像取得日：左，2010年7月23日；右，2017年10月24日）。

ることはなかった。また，ほぼ同時期に Eco-DRR やグリーンインフラを取り入れるべきであるという提言もなされたが（日本学術会議統合生物学委員会・環境学委員会合同自然環境保全再生分科会，2014），そのような考え方が取り入れられることはほとんどなかった。このような状況は，国内有数の有名な観光地でも同様な場合があった。国の名勝に指定され，日本百景・新日本百景に選定されている岩手県陸前高田市の高田松原は津波で砂浜が失われ，松林は壊滅した。復旧事業では砂浜にコンクリート護岸が設置され，その背後が約3m盛土され，その上にクロマツが植林され，人工的な景観の海岸となった（図6－3）。そのため，名勝としての景観的な価値はほぼ失われてしまったと言ってよいであろう。

　このように，東日本大震災の復旧・復興事業では，自然や景観への配慮はあまり行われず，観光資源保全の観点は，ほとんど取り入れられなかった。これは，民俗保全の観点，生物多様性保全の観点も同様であった。災害回復力のためには，これらの観点を取り入れるべきであったと考えられる。東日本大震災の復旧・復興事業を教訓に，南海トラフ地震の防災施設の整備や，今後どこかで起きる震災の復旧・復興事業では，観光資源保全の観点も取り入れられるべきであろう。

4．「自然災害に強い観光地」に向けた 自然災害とのつき合い方と災害弾力性評価指標

　乗っているプレートの構造により甚大な自然災害が生じることが宿命の日本列島で，「自然災害に強い観光地」に向けて自然災害とどのようにつき合ってゆ

けば良いのであろうか。本章1〜3節で論じたように,エコツーリズム,ジオパーク,復興ツーリズムのように災害と関連する自然の魅力を活用しつつ災害弾力性を高めるような観光を推進することは有効な方法であろう。また,災害発生段階から復興段階では災害回復力のために,平常時段階では災害抵抗力を高めるために,災害弾力性においては地域の自然に関する調査研究や普及啓発が重要と思われ,そのために博物館(特に自然史博物館や総合博物館の自然史部門)やその学芸員(特に自然史系の学芸員)の果たすことのできる役割は大きいと思われる。そのような観点からの災害弾力性評価の指標を以下に示す。

　なお,下記の指標は,自然科学的な調査研究・普及啓発のみの観点から考えられたものである。「自然災害に強い観光地」の実現には,この観点のみではなく,文化や民俗の調査研究・普及啓発も重要であり,コミュニティデザインも含めた総合的な視点が必要であろう。

自然科学的な調査研究・普及啓発の観点からの災害弾力性評価指標
(※は被災地のみ対象とする指標)

指標1　自然史博物館の設置状況
　　　　・博物館の数と自然史博物館,総合博物館自然史部門等の別
　　　　・各分野の専門家の人数(地質系,生物多様性系など)

指標2　防災教育の状況
　　　　・災害・防災常設展示数
　　　　・最近5年間の災害・防災に関する特別展・企画展数
　　　　・最近5年間の災害・防災に関するワークショップ・講演会数
　　　　・最近5年間の災害・防災に関するパンフレット・マップ・チラシ数

指標3　防災や復興に関する調査研究状況
　　　　・最近5年間の災害・防災・復興に関する資料収集状況
　　　　・最近5年間の災害・防災・復興に関する著作物出版状況

指標4　防災・復興事業の状況
　　　　・グリーンインフラの活用やEco-DRRの事例数
　　　　※・自然地形や生物多様性保全に配慮した復旧・復興事例数
　　　　※・文化や民俗に配慮した復旧・復興事例数

【注】

1）統計資料一覧 https://www.pref.fukushima.lg.jp/sec/32031a/kanko-koryu2.html，2020 年 4 月 12 日確認；ただし利用者の構造は大きく変化した。橋本ら（2015）を参照のこと。

引用文献

阿部亮吾（2008）：「福島県松川浦における島の地形特性と最近 100 年間の消失要因」文研論集，51，pp.1-19.

阿部　武（2012）：『裏磐梯の植林と遠藤現夢』自費出版

阿部拓三・太齋彰浩（2017）：「博物館と生態学（28）リアスの生き物よろず相談所 震災前後の南三陸における取組み」日本生態学会誌，67，pp.67-71.

深見　聡（2010）：「ジオパークとジオツーリズムの成立に関する一考察」地域総合研究，38(1)，pp.63-72.

古川美穂（2015）：『東北ショック・ドクトリン』岩波書店

グリーンインフラ研究会・三菱 UFJ リサーチ＆コンサルティング・日経コンストラクション（編）（2015）：『決定版！ グリーンインフラ』日経 BP 社

橋本俊哉（2011）：「災害と観光 東日本大震災が観光に与えた影響と災害後の観光の役割」公営企業，2011.11，pp.2-11.

橋本俊哉（2016）：「観光地の「災害弾力性」試論」立教大学観光学部紀要，18，pp.90-98.

橋本俊哉・海津ゆりえ・相澤孝文（2015）：「東日本大震災における観光の風評被害に関する研究：福島県北塩原村の「風評手控え行動」の分析を通して」立教大学観光学部紀要，17，pp.3-12.

広瀬忠弘（2007）：『災害防衛論』集英社

井出　明（2009）：「観光による災害復興の類型化と目指すべき方向性」観光科学研究，(2)，pp.31-38.

磯崎行雄・丸山茂徳（1991）：「日本におけるプレート造山論の歴史と日本列島の新しい地体構造区分」地学雑誌，100，pp.697-761.

岩浅有記（2015）：「国土交通省におけるグリーンインフラの取組について」応用生態工学，18，pp.165-166.

岩浅有記・西田貴明（2017）：「人口減少・成熟社会におけるグリーンインフラストラクチャーの社会的ポテンシャル」日本生態学会誌，67，pp.239-245.

川﨑興太（2012）：「高原リゾート観光地・裏磐梯の歴史と現状 裏磐梯に関する研究（その 1）」日本建築学会東北支部研究報告集（計画系），75，pp.51-54.

Klein, N. (2007) The Shock Doctorine. The Rise of Disaster Capitalism, International Creative Management

国土地理院（編）（2003）：『1：30,000 火山土地条件図 磐梯山』国土地理院

黒沢高秀（2014）：「東日本大震災前後の福島県の海岸の植生と植物相の変化および植生や植物多様性の保全の状況」植生情報，(18)，pp.70-80.

黒沢高秀（2016a）：「文献や資料にもとづく裏磐梯高原泥流上の乾性植生遷移の推定」pp.131-141．塘忠顕編『裏磐梯・猪苗代地域の環境学』福島民報社

黒沢高秀（2016b）：「津波被災地で行われている復旧・復興事業と保全」pp.164-170. 日本生態学会東北地区会編『生態学が語る東日本大震災 自然界に何が起きたのか』文一総合出版

黒沢高秀（2020）：「東日本大震災の福島県内津波被災地で行われている復旧・復興事業と生物多

様性保全の取り組み」福島大学地域創造, 31(2), pp.87-97.

黒沢高秀・塘　忠顕（2016）：「裏磐梯・猪苗代地域の生物多様性とその保全」pp.237-258. 塘　忠顕編『裏磐梯・猪苗代地域の環境学』福島民報社

真板昭夫（2001）：「エコツーリズムの定義と概念形成にかかわる史的考察」国立民族学博物館調査報告, 23, pp.15-40.

望月公廣（2017）：「沈み込み帯におけるプレート境界面の不均質と地震活動」地学雑誌, 126, pp.207-221.

中村一明（1986）：「火山とプレートテクトニクス」火山, 30（特別号）, pp.S1-S16.

NHK「ブラタモリ」制作班（監）（2017）：『ブラタモリ 8 横浜 横須賀 会津 会津磐梯山 高尾山』KADOKAWA

日本学術会議東日本大震災復興支援委員会災害に強いまちづくり分科会・環境委員会環境政策・環境計画分科会（2014）：『提言 いのちを育む安全な沿岸域の形成に向けた海岸林の再生に関する提言』http://www.scj.go.jp/ja/info/kohyo/pdf/kohyo-22-t140423.pdf, 2020 年 4 月 12 日確認.

日本学術会議統合生物学委員会・環境学委員会合同自然環境保全再生分科会（2014）：『提言復興・国土強靱化における生態系インフラストラクチャー活用のすすめ』http://www.scj.go.jp/ja/info/kohyo/pdf/kohyo-22-t199-2.pdf, 2020 年 4 月 12 日確認.

日本生態学会東北地区会（編）（2016）：『生態学が語る東日本大震災 自然界に何が起きたのか』文一総合出版

西廣　淳・原慶太郎・平吹喜彦（2014）：「大規模災害からの復興事業と生物多様性保全：仙台湾南部海岸域の教訓」保全生態学研究, 19, pp.221-226.

大石雅之・吉田　充・永広昌之・真鍋　真（2013）：「陸前高田市立博物館地質標本救済事業と岩手県における博物館の災害復興とそれに関する諸事情」化石, 93, pp.59-74.

大野希一（2011）：「大地の遺産を用いた地域振興 島原半島ジオパークにおけるジオストーリーの例」地学雑誌, 120(5), pp.834-845.

大森信治郎（2012）：「「復興ツーリズム」或いは「祈る旅」の提言：「ダーク・ツーリズム」という用語の使用の妥当性をめぐって」観光研究, 24(1), pp.28-31.

敷田麻実・森重昌之（2001）：「観光の一形態としてのエコツーリズムとその特性」国立民族学博物館調査報告, 23, pp.83-100.

其田智洋・高橋和雄・末吉龍也・中村聖三（2006）：「島原地域の火山災害学習施設を利用した火山観光の推進と観光客の動態に関する調査」自然災害科学, 25(2), pp.197-219.

Takagai, Y., Abe, R., Endo, A., Yokoyama, A. and Konno, M. (2016) "Unique aluminosilicate-based natural nanoparticles in the volcanogenic Goshiki-numa pond", Environmental Chemistry Letters, vol.14(4), pp.565-569.

高橋和雄・藤井　真・西村寛史・塩津雅子（2000）：「雲仙普賢岳の火山災害による観光被害とその復興対策」自然災害科学, 19(1), pp.45-59.

高橋和雄・井口敬介・中村聖三（2002）：「噴火災害後における島原市の観光客の状況と火山観光化に関する観光客の反応」自然災害科学, 20(4), pp.423-434.

植村貴裕（2009）：「「負の遺産」と観光」立正大学文学部論叢, 128, pp.53-73.

横山喜代太（2012）：「岩手, 宮城, 福島三県の新計画堤防高」海岸, 51, pp.102-107.

コラム3 ジオパーク学習における博物館の役割
Column

　2020年3月現在，日本には43のジオパークがあり，その中の9地域がユネスコジオパークの認定を受けている。ユネスコジオパークは，自然資源，自然災害，気候変動，教育，科学，文化，女性，持続可能な開発，地域と先住民の知恵，地質保全の10の分野に焦点を当てている。このような活動をする上で，博物館はとても重要な役割を果たすが，磐梯山ジオパークを例に考えてみる。

　2008年，福島県立博物館の竹谷陽二郎と磐梯山噴火記念館の筆者は相談し，「磐梯山をジオパークにする実行委員会」を大学・高校の教員や博物館の学芸員で組織した。日本ではまだジオパークの取り組みが始まったばかりで，ジオパークを理解している人は福島県内では数えるほどであった。『磐梯山フィールドガイドブック』という冊子を作り，それをもって学校や地域へ出かけて出前講座をし，ジオパークの理解を深めていった。2011年に磐梯山ジオパークは日本ジオパークの認定を受けた。

　博物館は各地域の様々な地域資料を持っていて，それを調査研究し展示し，それを使って教育普及活動を行っている。大地のつくりとその上で暮らす人々の暮らしを学ぶジオパークでは，まさに博物館の活動が重要となる。磐梯山噴火記念館の場合は火山の博物館であるため，磐梯山ジオパークのメインテーマである磐梯山の5万年前と1888年の2回の「岩なだれ」について学ぶことができる。岩なだれという噴火現象は，山そのものが崩れることで，日本においては100年に一回程度しか発生しないため，日本人の多くは岩なだれを知らない。博物館の学芸員は資料をフィールドに持参し，現場でジオツアー参加者にその資料を使って説明をする。また，学校におけるジオパーク学習では，博物館の学芸員が講師となり子供たちにジオパーク教育を行う。磐梯山噴火記念館では地元の中学校で毎年座学とフィールド学習を実施している。

　現在の学校教員の中には，高校で地学を学ばないままで教師になっている場合が増えている。そのため，地学分野が不得意で，学校周辺の大地を教えることが苦手である。そのため，当館のような地学系の博物館の役割が重要となる。現在の学校教育では郷土学習にあまり力を入れない傾向にあり，子供たちは地元の大地の成り立ちを理解していない。ジオパーク学習は磐梯山という火山を学びながら，地域とのかかわりにもふれて，子供たちは郷土について深く学ぶことになる。フィールド学習

では，1888 年の噴火のダイナミズムを理解し，その災害の現場を訪れる。その学習は次の磐梯山の火山災害に対する備えとなっている。つまり，ジオパークを学ぶことは，大地を学ぶことであり，郷土を学ぶことでもあり，防災教育も同時に行なえるのである。博物館の学芸員がこれらの活動の中心に位置することから，ジオパーク活動における博物館の重要性がわかる。

当館は全国の火山系博物館（三松正夫記念館・立山カルデラ砂防博物館・箱根ジオミュージアム・ジオリア・伊豆大島火山博物館・阿蘇火山博物館・雲仙岳災害記念館）と 1995 年からネットワークを組んで活動をしている。それぞれの館は各ジオパークの中核施設として地域をけん引している。私たちは連携して火山の巡回展を実施している。火山系博物館は観光地にある関係で，地域のジオパーク学習だけでなく，観光客へのジオパークの普及教育も担っている。

毎年，日本ではジオパークの認定を受ける地域が増加している。そういった地域に必ずしも博物館が存在しない場合もある。しかし，ジオパーク活動を推進するには，博物館は必須の施設である。今後，日本のジオパーク地域にある博物館が連携し，日本の地学リテラシーの向上に貢献していきたい。それがひいては，日本の防災力向上へつながっていくのである。

第7章
「教訓を忘れない仕組み」をつくる

1．災害は「語り部観光」を生む

（1）南三陸町で，宮古で

　東日本大震災発生から間もない2011年7月，所属学会の被災地視察で三陸沿岸諸都市を訪ねた時のこと。南三陸町で役場職員から「語り部さん」として紹介されたのが，A氏だった。A氏は，当時高台だった八幡宮境内から眼下を見下ろして訥々と語り始めた。避難所がどんなに遠かったか，自転車で避難所を訪ねた時に見た街の光景がいかなるものであったか，そして最後にこう締め括った。「ここには養殖場や漁師の小屋などがあった。全部流されてしまったけれど，見渡せば，50年前の美しかった海が蘇っていた。ここからやり直せると思ったのです。」津波の爪痕は言葉に尽くせないほどなのに，そこに50年前の美しい海を見たという一言に，悲しみの向こうに希望を見出そうとするA氏の心を感じ聞いた筆者も，その希望を受け取った気がした。「語り」とはこういうことを指すのだろうと納得した瞬間であった。

　"津波田老"の異名をとる岩手県宮古市田老地区では，宮古観光文化交流協会が語り部による被災地案内を「学ぶ防災」と名付け，2012年4月から観光事業として実施している。田老は津波常襲地であり，1896年の明治三陸地震津波，1933年の昭和三陸地震津波でも人口の大半を失う被害を出した。二度と被害を出さないためにと昭和の大津波以後に10メートルの高さの堤防を築いたが，再び200人近くの犠牲者を出してしまった。「学ぶ防災」は，この反省を踏まえて二度と犠牲者を出さないことを目標に続けられている。発端は昭和三陸津波地震を経験した田畑ヨシさんが，教訓を伝えるために自ら描いた絵本『つなみ』

の読み聞かせを2011年5月に開始したことである。これを宮古観光文化交流協会が引き継いだ。参加者は，ガイド（語り部）に引率されて，防潮堤やたろう観光ホテル（震災遺構第1号）を巡り，同ホテル社長の松本勇毅氏がホテルの窓から撮影した津波の動画を視聴する[1]。長時間コースでは田老小学校とその前にある津波顕彰碑，高台への避難路などを見学する。復興に伴って刻々と変化する風景もガイドコースに取り入れている。語り部は，自らの体験談を交えて「正常性バイアス」「風化の恐ろしさ」「自助・共助・公助」などのキーワードを挙げて，逃げる知恵や防災意識を喚起する。筆者は毎年参加しているが，ガイドの熱意やメッセージは変わっていない。

（2）制度化される語り部観光

　東日本大震災後，沿岸域では多くの「語り部」が生まれた。活動開始のきっかけは，個人の発意や行政からの依頼，NPOを作っての活動など様々であるが，現在は自治体の観光物産協会などがポータルサイトとなって予約を受け付け，手配を行う。案内時間は参加者の都合に合わせてくれるが，最大3時間程度。料金はほぼ3,000円〜4,000円程度で統一されていた（2017・2018年度）。案内の要素もほぼ共通しており，項目を挙げると以下の通りである。

　　1：被害の概要
　　2：代表的な遺構の案内
　　3：代表的な復興拠点の案内
　　4：まち全体が見渡せる場所等から俯瞰し，津波と避難の過程をたどる
　　5：語り部自身の思い，復興への思いを語る
　　6：次の避難を出さないための教訓を伝える

　このうち1〜4は同一地域の「語り部」間で情報に差が出ないように，共通の情報が伝えられるが，5，6は語り部個人のメッセージが込められ，参加者にとって最も印象に残る部分となる。それは，「語り部」自身が自らの体験を振り返って気づいたことと結びついているからだろう。

　「学ぶ防災」は三陸沿岸の「語り部観光」の中において観光事業としてほぼ定着している例である。参加者は日本各地から集まり，個人旅行の他，旅行会社

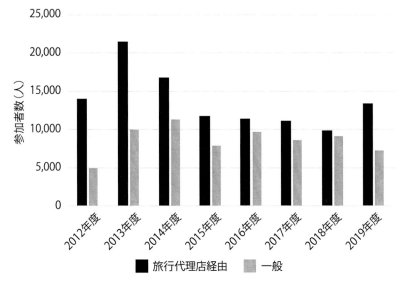

図7－1　参加形態別「学ぶ防災」参加者数推移
出典：宮古観光文化交流協会資料。

主催のバスツアーや企業の研修，教育旅行にも取り入れられている。参加者延べ人数（図7－1）は2013年度には3万人を超えたが，ここ数年は2万人程度の参加者数でほぼ落ち着いている。図7－2は，学生・生徒・児童の参加者数推移である。中学校，高校からの参加者数が多いことがわかるが，多くは修学旅行の一環である。被災地訪問が学校の課外授業に位置づけられていると推察できる。いずれにしても，宮古市にとって「学ぶ防災」は重要な観光メニューとなっていることがわかる。震災遺構の存続をめぐる議論と同様に，防災ツアーを観光商品化することについての功罪論も見受けられるが，毎年数万人の人々に防災への教訓を伝え続けることの意義は大きいといえるだろう。一方で，事業化の過程で個人の思いや感情の発現は抑えられ，定型化した語りの内容に収斂されているようである。

（3）語りの力

　震災に限らず，大災害の発生地では，人々はその稀有な体験を伝えるために

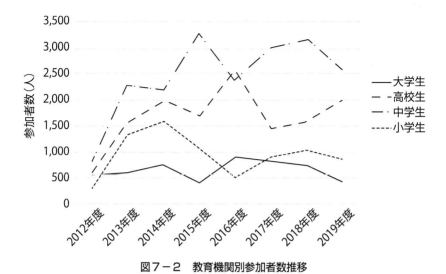

図7－2　教育機関別参加者数推移

出典：宮古観光文化交流協会資料。

語り始める。向井（2012）は「戦争，公害，災害など，暴力的な出来事を「なかったこと」にしないためには，その体験者の記憶が語られなくてはならない。そこで体験者は〈語り部〉となる。」と指摘する。「語り部」は教訓を伝えるために自然発生的に生まれる存在であり，聞き手は，知ることが難しい事実や聞き辛い経験も，「語り部」がいれば聞くことができる。一方で，「語り部」は犠牲者への呵責など言葉にできない感情を抱えている場合が少なくない。「語り部」と「聞き手」はともに心理的ストレスを抱えてコミュニケーションを成立させていると言えるだろう。だからこそ，心の動きも言葉に変えて相手に届ける「語り部」の言葉に，聞き手は想像をめぐらせ共有しようと努める。矢守（2003）がいう「共同想起」がそこに生まれている。

2．形を変える「語り部」

（1）「語り部」の世代交代

　筆者は，2012年から宮古市，大船渡市，釜石市，大槌町など岩手県内数地域の「語

り部」案内を受けてきた。初期の頃は発災から間もないこともあって，語りの内容は臨場感にあふれたものであったが，時間の経過とともに「語り」の内容に変化を感じるようになった。「教訓」自体の定型化や，新しいまちづくりに関する話題が盛り込まれるようになったこと等である。どの地域も復興事業が進むにつれ，土地の整備や防潮堤による視界の分断，道路や施設建設等によって新しい街へと生まれ変わってきた。風景が震災体験のリアルから乖離し始め，鮮度ある解説は厳しいものとなりつつあった。「語り部」は写真による比較資料等を駆使して解説を行っていたが，いずれ「語り」は「昔話」になるのではないかという危機感を感じた。風景の変化だけではない。震災直後から活動してきた第一世代の「語り部」の高齢化や引退，聞き手側に東日本大震災の記憶を持たない世代が増えてきたことなど，「語り」をとりまく人々にも変化があった。生身の「語り部」による教訓の伝承は，外的環境と内的環境の変化の影響を受けやすいといえる。

　「語り部」を制度化して継承する地域もある。その代表例が広島である。世界文化遺産に登録された「原爆ドーム」に隣接する広島平和記念資料館では，被爆一世の人々が「語り部」として語る事業を続けており，日々国内外から多数の訪問者を迎えている。しかし高齢化による「語り部」の引退は止めようがなく，広島市は2012年度（平成24年度）から被爆者体験伝承者養成事業を開始した。3年間の学びを経た者が"伝承者"として人前に立つ。彼ら第二世代の「語り部」は，第一世代の語りや資料などを教師として学んでいるが，もはや一人称で被爆体験を語ることはできない。

（2）教訓を伝える手段の多様化

　教訓を伝える方法は「語り部」を1つの頂点として多様に展開されてゆく。どのような伝え方があるだろうか。

1）語り

　「語り部」は被災の現場や現場に近いところで自発的・多発的に生まれ，災害の事実と自らの経験・教訓を聞き手に直接伝える役割を担う案内役である。生

身の人同士の間で交わされるライブ・コミュニケーションであり，教訓を伝える最も直接的な手段といえる。

2）証言者・アーカイブ

「証言者」とは被災経験を持ち，取材や編集を通して，体験を文字や映像として残すことになった人々を指している。「語り部」も証言者に含まれるが，より幅広く，被災した誰もが証言者となりうる。そのメッセージは記事・報道・書籍・展示施設の資料などにアーカイブ化される。東日本大震災のアーカイブは，国や自治体がそれぞれ構築しているほか，NHK など公共放送によるデジタル・アーカイブも存在する。代表例として国立国会図書館による「ひなぎく」(https://kn.ndl.go.jp/#/) や「NHK 東日本大震災アーカイブ」(https://www9.nhk.or.jp/archives/311shogen/) などがある。

3）震災遺構（施設）

震災遺構とは，「震災の惨禍を語り継ぎ，自然災害に対する危機意識や防災意識を醸成するために，震災によって壊れた建物など大規模な地震による被害の大きさ，悲惨さ，被災の記憶や教訓などを後世に伝えるために保存されることになった構造物（残存物）」（復興庁）のことである。復興庁は 2013（平成 25）年から一自治体 1 件の限定で保存への資金援助を始めた。先述の宮古市「たろう観光ホテル」や岩手県陸前高田市の「奇跡の一本松」，宮城県南三陸町の「防災庁舎」などがその代表例である。復興庁の支援を受けるためには自治体が申請しなければならず，その決定プロセスで議論が分かれて撤去された構造物も少なからずあった。大槌町旧庁舎などがその例であり，広島市の原爆ドームのように，保存か撤去かの意思決定を 10 年間凍結する措置が取れれば残っただろうと言われている。

4）石碑・モニュメント

東日本大震災後，地域でも忘れられた存在であった多数の地震津波の顕彰碑が三陸沿岸の至る所に置かれていたことが"再発見"された。改めて碑文を読

写真７－１　「宮古市と津波」市庁舎１F壁面写真

出典：筆者撮影。

　むと，先人が伝えたかった教訓の鋭さとリアリティに驚く。100年や千年に一度
の地震津波の災禍が，100年前を昨日のことのように引き寄せ，先祖は蘇って耳
元で叫ぶ。災害当時の光景は見えなくても，津波の恐ろしさや生き抜くための「教
訓」は不変であることを示している。田老小学校正門前の碑には次のように書
かれている。要点だけを記したシンプルなメッセージである。

> 大地震の後には津波が来る
> 地震があったら此処へきて一時間我慢也
> 津波に襲われたら何処でも此の位の高所へ逃げろ
> 遠くへ逃げねば津波に追いつかる
> 常に近くの高いところを用意しておけ

　2018年10月に新築された宮古市庁舎１階には，壁面を飾る市域の空中写真（写真
７－１）が貼り出され，市内の地震津波顕彰碑の位置図がプロットされている。宮
古の先人たちから子孫に語り継ぎたいメッセージということであろうか。

　5）伝承施設
　東日本大震災の被災地では，震災の記憶を留めるミュージアムや資料館の建

設が相次いでいる[2]。施設によって規模や併設機能は異なるが，災害の状況や復興過程，教訓の伝承に限定せず，地域内での防災拠点や教育，コミュニティ活動の拠点としても重要な役割を果たす。2019年3月23日にオープンした釜石市鵜住居町の津波伝承施設「いのちをつなぐ未来館」は，住民ら160人以上が犠牲になった鵜住居地区防災センターで何が起きたのか，生存者はどのように逃げたのか等を紹介する。また「釜石の奇跡」で知られる鵜住居小中学校の児童・生徒の避難行動を伝え，防災教育の大切さと教訓を伝える。館に隣接して釜石市追悼施設「釜石祈りのパーク」，土産物などを売る「鵜の郷交流館」，三陸鉄道リアス線鵜住居駅がある。「釜石祈りのパーク」には釜石市民による釜石市防災市民憲章が刻まれ，今後犠牲を出さないための決意とメッセージがシンプルなソネットで記されている[3]。国ではこれらの伝承施設群をピクトグラムで結び，「3・11伝承ロード」と名付けて発信している。

6）記念行事・イベント

　高野・渥美（2007）は，阪神・淡路大震災後の伝承において，語り継ぐという活動以外にも，慰霊碑（モニュメント）をめぐるモニュメントウォークや，震災の日に被災地を歩く「1.17 ひょうごメモリアルウォーク」を行っていると述べている。福島県猪苗代町・北塩原村では1888（明治21）年に磐梯山が噴火した7月15日を記念し，近い日の週末に慰霊祭を行っている。噴火によってできた堰止湖の檜原湖畔で神事を行い，盆踊りや花火を楽しむ。今では100年以上前の磐梯山噴火とは繋がりを持たない人々が圧倒的に多く，意味も知らぬまま花火大会を楽しみに訪れているようである。

7）地名や民話

　このように様々な手段を用いて被災地では災害と教訓を語り伝える工夫を凝らしてゆくが，その過程で抽象化や象徴化は免れることはできない。それでも命に関わる大事なメッセージを伝えようとして地名や民話に託す。例えば岩手県「島越」という地名は島を越えて波が押し寄せる地であることを指す。子どもたちに夜聞かせる民話は教訓の宝庫であり，人を襲う津波や災害は鬼や化け

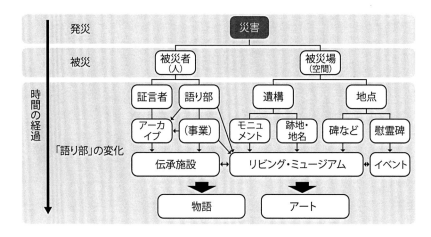

図7－3　時間経過と「語り部」の変化

物に姿を変えて登場する。

8）神社

　東日本大震災後の7月に岩手県二戸市で行われた講演で，大矢宣雄は三陸沿岸域の神社の多くが高台にあり，そこに避難した人々は助かったことを示し，神社の祭礼で神輿を担いで境内に駆け上がり神楽を楽しむのは暗黙の避難訓練なのではないかという仮説を紹介した。自然災害多発地域において重要な「生き延びる知恵」が，神社や祭礼，芸能となって今日に伝わっているというのは興味深く，納得がいく。人々は地域の祭礼に参加しながら津波避難の安全地帯を確認しているとも言える。

　これらの多様化する「語り」の手段を図示したものが図7－3である。

3．災害復興における観光の役割

　前節では教訓を伝える担い手としての「語り部」に着目し，その多様化に焦点を当てたが，ここでは「教訓を受け取る」方法の多様性に着目する。

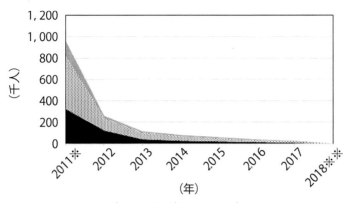

図７-４　岩手県・宮城県・福島県のボランティア活動者数（人）

出典：全社協　被災地支援・ボランティア情報[4] より作成。

（1）被災地との多様なかかわり方

1）被災地支援として関わる―ボランティア

　救急要員や自衛隊などを除き，東日本大震災発災後に域外から訪れた最初の訪問者はボランティアであった。図７-４は社会福祉協議会がまとめたボランティア活動者数の推移を表す。今日まで約185万人のボランティアが現地に入ったが，震災翌年の活動者数は前年のほぼ４分の１に減少した。彼らは場に応じて様々な活動を行い，住民と直接関わり，生の声を聴きとり，空いた時間に地域を見聞きして歩いた。ボランティアは復興の最中に生まれた観光者といえる。

2）学ぶ対象として関わる―スタディツアー

　南三陸町などでは，2011年の夏が近づく頃から視察の受け入れが整い，「語り部」による案内が開始された。他の自治体からの視察や大学のゼミナール，学会などが訪れ，徐々にスタディツアーのコースができあがって行った。修学旅行や課外授業などの教育旅行は，学校と地域の関係が構築されると息が長い。宮古市「学ぶ防災」では，震災８年後においても一定の教育旅行による訪問者を確保している。東日本大震災は，スタディツアーという従来SIT（スペシャル・インタレスト・

図7−5　みちのく潮風トレイル　3つの特徴あるルート

出典：環境省ホームページ。

ツアー）に分類されがちな観光スタイルを定着させたと言える。宮古市は 2018（平成 30）年 6 月に室蘭からの定期フェリーが就航し[5]，2019（平成 31）年からは海外からのクルーズ船も受け入れるようになった。「学ぶ防災」も日帰り観光商品に組み込まれている。

3）トレッキング，ジオパーク

　東日本大震災の被災地は，2013（平成 25）年 5 月に陸中海岸国立公園と種差海岸・階上岳県立自然公園（青森県）を編入して三陸復興国立公園となった。さらに翌 2014（平成 26）年には南三陸金華山国定公園を編入した。これとほぼ重なるエリアが，2015（平成 27）年には「三陸ジオパーク」として日本ジオパークの 1 つに登録された。また 2019（令和元）年 6 月 9 日には，三陸復興国立公園（2015 年指定）の目玉事業として青森県八戸市から福島県相馬市を結んだ「みちのく潮風トレイル」（総延長 1,025km）が全線開通した（図 7 − 5）。ジオパークは科学の目で地震や災害をとらえるフィールドであり，ロングトレイルはトレッキングを楽しむハイカーが自分で旅を組み立てることができる空間装置である。被災地の各

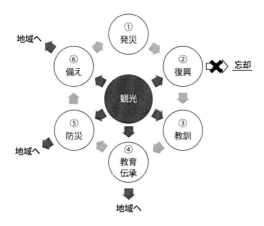

図7−6　観光は「教訓を忘れない・忘れさせない仕掛け」

市町や伝承施設群，「語り部」などをつないで歩くことにより，自然災害や教訓と未来を生き抜く知恵を結びつける新しい交流の活発化が期待できよう。

（2）教訓を忘れない・忘れさせない仕掛けとしての観光

　自然災害は人類共通の脅威であり，ひとたび被災すればその影響や悲しみは計り知れない。ゆえに災害に遭遇した人々は，この悲劇を繰り返さないようにと災害発生直後から教訓を伝える活動を始める。時がたつにつれて「語り」の手法や形態は変化しながらも，「伝え続ける」という使命感を抱えて伝承は続く。災害に遭わなかった人々の中には，明日はわが身とばかりに被災地の人々に共感し，様々な形で手を差し伸べ関わろうとする人々がいる。復興支援からまちづくりまで，多様な段階でそれは続く。ボランティアと称していても内と外の交流が豊かにみられ，観光としてとらえることができる要素も多い。時間の経過とともに，徐々にボランティアから観光としての内容やかかわり方に比重が移り，それが地域にとっての経済的エンジンとなってゆく。

　このように観光者に“訪れ”られ，“教訓を伝える”ことは，地域自身にとってどのような意味をもつのかと考えると，図7−6のような循環モデル「教訓を忘れない・忘れさせない仕掛け」が想定される。発災（①）の後の復興（②）が進むと住民は災害前の日常に早く戻ろうと努めるが，教訓を伝える（③）役割

を重んじる「語り部」等によって観光者への語り掛けが行われる。やがて災害の直接的な経験者がいなくなっても，教育や伝承（④）として修学旅行や研修などを通して「教訓」が伝えられる。この段階では，観光者のみならず学校や住民など地域に向けた伝承も現れる。さらに災害体験だけでなく防災（⑤）のあり方が強調されるようになり，次に来るべき災害への備え（⑥）を誘発する。

　地域にとって，「語り部」観光とは来訪者に自地域のことを問われることにほかならない。それがどのような形での来訪にせよ，伝える役割を担う人々は，その都度，災害・被害の記憶・避難体験・得た教訓・伝えたい防災の知恵などの全てを想起する。すなわち観光は忘却を防ぐ仕掛けとして働く。「語り」の主体が，その語りの相手を観光者だけでなく地域にもふり向ければ，防災への備えにつながり，やがて未来のまちづくりに生かされてゆくのではないか。

4．「教訓を忘れない仕組み」をつくる

（1）教訓を忘れない仕組みのポイント

　「語り部」と観光を基軸に，「教訓を忘れない仕組み」を育て，災害弾力性をもつ地域を創出するには何が必要なのだろうか。ここでは３つのポイントを挙げておく。

　① 災害を知らない世代の「語り部」の育成
　災害発生時の「語り部」は伝える意思を持った被災第一世代の個人であった。時間経過とともに減少していく第一世代に代わる次世代の「語り部」を育成することが重要である。語り部だけでなく，来訪者もまた災害を知らない世代に置き換わっていくからである。南三陸町では二十代の語り部が誕生しており，宮古市では高校生や短大生が地域を案内する担い手として育っている。マニュアル化による形骸化を避けるため，広島市で試みられているように第一世代から第二世代へ，口伝で「語り」を継いでいくことが望ましい。

② 震災の記憶と結びつけた多様な観光商品開発

　観光を通じて多くの人に教訓を伝えていくためには，観光者と住民が交流でき，地域と親しくなれる観光プログラムの開発が期待される。多様な観光者に備えて多様な観光商品が開発されることが望ましい。時間スケールも，空間スケールも自在に設定できる観光商品の特徴を生かして。

③ 科学的・文化的調査による資源の掘り起こし

　語りや観光商品開発を支えるものは，科学と生活文化両面からみた地域資源の掘り起こしとストック，活用である。専門家と住民が参画して宝探しを行い，博物館や語り部（インタープリター）を通して発信する循環を構築することが必要である。それらを支えるには事務局機能が求められる。観光協会や地域のNPOを育成し，震災復興と教訓の活用を地域づくりに組み込んでいくことが考えられる。

（2）「教訓を忘れない仕掛け」作りの指標の提案

　以上，自然災害に対する災害弾力性を獲得するためには，「教訓を忘れない仕掛け」が求められ，その方法として観光が有効であることを述べた。ではその仕掛けを構築するためには何が必要なのか。その指標を次ページの7つにまとめた。

「教訓を忘れない仕掛け」作りの災害弾力性評価指標

① 自治体や公的機関が地域の「語り部」を育成する機会や仕組みを設けている
　・日常的に自発的な「語り」を誘発する雰囲気や場が存在する
　・地域を伝える「語り部」の育成・活用制度が存在する
　・事務局が機能している

② 地域が災害の教訓を来訪者に伝える多様な方法がある
　・来訪者と住民が自然に交流できる場がある
　・来訪者が「語り部」と出会うための窓口が整備されている
　・証言や映像のアーカイブ化に努め，来訪者に開かれている
　・災害遺構や顕彰碑などが把握され，来訪者に開かれている
　・伝承施設があり，来館者に開かれている
　・災害記念行事やイベントがあり，住民や来訪者に開かれ，意味が伝えられている
　・地名や民話が掘り起こされ，住民や来訪者に開かれている
　・古くから伝えられている安全な場所が，住民や来訪者に開かれている

③ 防災観光の企画・発信拠点が整備されている
　・スタディツアーの企画に対応するコースや資源が地域で整理され，活用することができる
　・災害に関わる地点を結ぶトレッキングコースが整備されている
　・ジオパークに関する研究が進み，ミュージアムなどと連動して学ぶことができる災害復興と防災における観光の役割が地域内で理解され，多くの人が関わる仕組みができている

④ 教育と観光と防災をつなぐ環境教育プログラムがある
　・子どもたちが防災観光に関わる機会があり，学び合うことができる
　・防災と結びついた環境教育プログラムがあり，来訪者も参加できる

⑤ 未来づくり新しい地域づくりに観光者が参加できる・学べる場を設けている
　・被災地での学びが観光者の防災につながる仕掛けを設けている

⑥ 観光が地域の「経済」「精神」「教育」に還元されるしくみを創っている

⑦ 研究者と連携した資源の掘り起こしと観光プログラムの開発が連動している

　東日本大震災を機に，観光は単なる個人の楽しみのための手段ではなくなり，地域貢献や次世代に継承すべき教訓を得る手段であるという考え方が定着しつつあるように思う。レジリエンスは，この土地を共有する（してきた）先人と未来の人々とともに今を生きる世代で住民と来訪者がともに構築するものと言え

るだろう。それは，今日における新しいまちづくりのあり方と捉えることができる。

【注】

1）このビデオは，撮影地点である同場所でのみ視聴でき，「学ぶ防災」のハイライトとなっている。
2）震災伝承ネットワーク協議会事務局（国土交通省東北地方整備局企画部企画課）「震災伝承施設一覧」：http://www.thr.mlit.go.jp/sinsaidensyou/sisetsu/facility/
3）釜石市防災市民憲章
（http://www.city.kamaishi.iwate.jp/fukko_joho/torikumi/shinsai_kensyo/detail/__icsFiles/afieldfile/2018/12/14/Kenshouo.pdf.pdf）
4）社会福祉法人 全国社会福祉協議会地域福祉部／全国ボランティア・市民活動振興センター：https://www.saigaivc.com/2017/02/24/東日本大震災ボランティア活動者数の推移／（2019年5月1日閲覧）
5）フェリーの就航は2020年3月末で終了した。

参考文献

海津ゆりえ（2018）：「被災地観光に見る自然災害からの守りの伝承文化—「語り部観光」を題材に」『環境復興　東日本大震災・福島原発事故の被災地から』pp.119-132，八朔社
高野尚子・渥美公秀（2007）：「語りによる阪神・淡路大震災の伝承に関する一考察—語り部と聞き手の協働想起に着目して」ボランティア学研究，8，pp.97-118.
向井良人（2012）：「記憶をめぐる行為と制度」保健科学研究誌（熊本保健科学大学），9，pp.49-62.
矢守克也（2002）：「博物館における震災体験の記憶と伝達—北淡町震災記念公園（野島断層保存館）をめぐって」奈良大学大学院研究年報，7，pp.331-358.

<u>コラム4</u>
Column　**エコツーリズムによる震災復興：台湾桃米里**

　台湾中部に，エコツーリズムで復興を遂げた桃米里という地域がある。桃米里は，台湾で唯一海に面していない南投県埔里鎮の市街から西南約5kmに位置し，周辺には有名観光地の日月潭がある。総面積は18km²で，人口は2019年3月現在1,135人である。主な産業は農業と観光業で，中でも観光業は，1999年9月21日に台湾中部の集集鎮付近を震源地として発生した921大地震がターニングポイントとなった。921大地震とは，マグニチュード7.6を記録した地震で，台湾全体における死者，行方不明者数は2,400人以上，倒壊建物は全半壊を含め10万棟にのぼった。桃米里においては，死者はいなかったものの，当時の世帯数369戸のうち168戸が全壊，60戸が半壊するなど6割以上が被害を受けた。それにより産業の衰退，人口の流出といった問題を引き起こした。

　この震災は地域に大きな被害を生じさせた反面，桃米里にエコツーリズムを基軸とした「桃米生態村」を立ちあげる転機を与えた。その誕生には，中間組織「新故郷文教基金会」（以下，基金会）の存在と，住民の意識の変化が大きく影響した。基金会は，震災発生の半年前の1999年2月に設立されたもので，日本のNPOに近い民間支援組織である。震災後，桃米里里長が，基金会に復興の要請を依頼したことから，桃米里の復興に関わるようになった。そこで掲げた復興の構想が生態村だった。主に行ったこととしては，生態資源の調査，住民との対話，意識改革，人材育成で，特に生態調査は住民に意識の変化をもたらす取り組みだった。震災から1年足らずの2000年5月に，基金会を介して行われた調査の結果，桃米里には台湾原生の29種類のカエル類のうち23種，153種類のトンボ類のうち56種が存在することが判明した。これまで桃米里には何も魅力的な観光資源がないと思っていた住民にとっては，地域の価値を知るきっかけとなった。以降，生態村構想の実現へ向けて，生態解説員の養成講座や民宿経営，レストラン経営等の講座等の人材育成が行われるようになり，積極的に住民が参画するようになった。

　その結果，2011年には観光客数が年間約75万人に達するという変化をもたらし，人口の5分の1がガイド，民宿，レストラン経営等の観光業に従事するという状況を生んだ。2019年3月現在，桃米里には「桃米生態村」のシンボル的存在の「紙教堂（ペーパードーム）」を有する「新故郷見学園区」を始めとして，その周辺に民宿が39軒，レストランが数十軒，土産

物屋，チョコレートファクトリーという観光施設がある。なかでも「紙教堂」は，日本との震災復興の交流の中心となる施設である。1995 年に発生した阪神・淡路大震災で，全焼した鷹取教会（神戸市）に代わるものとして，日本人建築家の坂茂氏がつくった紙製の集会所である。阪神・淡路大震災 10 周年の記念交流活動で解体する予定だったが，基金会がこれを日台の交流拠点にできないかと提案し，神戸から桃米里に移築された。

　現在，桃米里を訪れる多くの人々が「新故郷見学園区」に立ち寄り，震災復興，防災に対する理解を深めている。台湾国内の小中学生が社会科見学で訪れたり，海外からも震災復興の見学に訪れたりしている。2004 年に日本で発生した新潟県中越地震では，被災地の行政職員らが視察に訪れた。

　桃米里における震災では，被害を生じさせた一方で，これまで関わりのなかった中間組織と繋がりができるとともに，地域の身近な生態資源に目が向き，住民自身が地域の資源の豊かさを学ぶ機会を得た。そして，その学びが住民に自信をつけ，ガイドや民宿経営等の自律的な観光に携わることに繋がった。また桃米里を訪れる人々にとっても地域の自然，防災への理解を深めることができ，震災の記憶を伝承する場となっている。この事例から震災は，悲劇を生む一方で，地域を変革させるきっかけにもなることがわかる。今後も桃米里は，エコツーリズムによる震災復興の「聖地」として語り継がれるだろう。

Ⅳ

「経済的エンジン」としての観光

第8章
災害復興における「食」

1. はじめに　災害復興と経済的復興

　災害からの復旧や復興において，住民が安全に安心して暮らせる住環境や生活インフラを整えることと並行して，地域の人々が働く場を取り戻し，産業を活性化させることも重要である。本章では，観光地が発災直後の救急期，その後の復旧・復興期において，「食」をめぐってどのような取り組みをすべきかについて整理を試みる。

　農林水産業および，地域食材の加工食品を生産する食品産業は，その地域の風土に合わせて歴史を刻み，地域独特の食文化を形成してきた。我が国では，昭和30年代以降のスーパーマーケットの隆盛などを背景に，食文化の全国的な均質化が進行してきたが，それに伴い，地域固有の食文化が失われていくことや，伝統野菜などのような農産物の生産が減少していることを危惧する声が高まってきた。農林水産業や食品産業は地域の固有性を表現する観光資源として，観光地が地域ブランドを確立する際に重要な役割を果たしていく。

　また，「食」に関連する事業は，生産のほか，冷蔵・冷凍といった保管，包装，運輸，加工，さらには地域内での小売，宿泊施設やレストランでの料理提供などで多種多様な業種と連携しながら多くの労働の場を生み出す。

　観光地として「食」をめぐる取り組みを充実させ，域内に食料生産能力があれば，発災直後に物流に問題が発生して遠方から食材が届かなくなった場合に，食料不足をしのぐことができるだろう。そして，災害後の観光者数の増加速度も，復旧・復興の速度も増す。生鮮食品や加工品を販売するだけでなく，旅館やホテルといった宿泊施設，レストランやカフェ，食堂などの飲食施設でサー

ビスとともに提供することで，付加価値を高めて地域への経済効果を期待できる。さらには，地域の魅力を高め，来訪者の増加や滞在時間の延長，リピーターの獲得などにもつなげられる。

　本章では，観光との関連が深く，地域の風土や文化と密接に関わる「食」を取り上げ，観光における「食」の役割を整理した上で，災害抵抗力を高め，復興のエンジンとしての役割を期待できる取り組みや課題を整理する。

2．観光における「食」の役割

　日常生活圏を離れて行動する観光において，「食」は必要不可欠な要素である。旅先での「食」は空腹を満たし，栄養補給をするという生命維持の他にも，地域の名物を食べたり，有名なレストランを訪問したり，同行者と交流したりという楽しみの要素もあわせ持つ。

　食文化はその土地の風土に合わせて形成されてきた。それぞれの地域の地理的条件や気候などにより，生産される農林水産物の種類は異なり，固有の調理法，食べ方などが育まれてきた。例えば，海に近ければ新鮮な魚介が安く手に入るものだが，周辺海域の状況によって獲れる魚は様々である。他方で，雪深い山奥の地域であれば，冷蔵や冷凍による輸送網が整備されるまでは，魚介類は，ほとんどが塩蔵されたものや干物に限られ，冬期には生鮮野菜も貴重品となり，漬物等を活用した食卓となる。観光においては，このような，地域によって異なる食文化が観光資源となり，各地の名物を食べることは観光者の楽しみのひとつとなっている。

　今世紀に入って，「食」を旅の主たる目的とするフードツーリズム（Food Tourism）が注目を集めている。フードツーリズムとは，「食料の第一次生産者，第二次生産者，フードフェスティバル，レストラン，および食を味わい，経験する特定の場所への訪問が主要な動機付け要因となる旅行」とされる（Hall et al., 2003）。古くはワイナリー巡りやグルメツアーなどのような形で「食」をテーマにした旅行が行われてきたが，近年では，様々なコンテンツが用意されている。例えば，地域の食と密接に関わる農家レストラン[1]などがある。

　観光における「食」の役割を整理すると次の7つに分類することができる（丹治, 2019）。①空腹を満たす，②地域の名物や話題のものを堪能する，③高級なものや希少価値の高いものを食べる，④食の生産や文化にまつわる体験を楽しむ，⑤食とともに休憩をとる，⑥同行者や地域の人々と交流する，⑦土産にする，などである。特に②では，その地域の名物，すなわちその地域の特産物などの地域食材を用いたものや，郷土料理などの地域固有の調理法を用いた料理，あるいは，独特のスタイルで提供される料理を楽しむ。例えば，瀬戸内海沿岸や東北太平洋沿岸地域などで見られる，殻付きの牡蠣を直火で焼く食べ放題スタイルの「かき小屋」は，独特の提供スタイルということになる。こうしたその地域ならではの食材，料理，提供スタイルを体験することが貴重な観光資源となっている。中には，山形県鶴岡市のレストラン，アルケッチァーノ[2]のように，「有名シェフの作る地域食材を活かした料理を食べたい」などのニーズもある。

　④の生産や文化にまつわる体験とは，農業体験や漁業体験，調理体験などが該当する。こうした，その地域のものを食べ，購入し，食文化に触れることが観光者の満足度を高めるのは明白なことである。地域の本物に触れるという真正性に関わる体験となる。また，生産現場を見ると，利用者の安心感も高まるだろう。

　それだけでなく，旅先で普段と違うものを食べたり購入したりすると，「日常生活から解放された非日常的経験となる」（稲澤, 2017）という効果もある。

　観光資源として「食」にまつわるコンテンツを豊富にそろえると，地域への滞在時間が長くなり，リピーターも増加する。見るだけのものは一度見れば満足して一度きりで終わってしまうケースが少なくないが，食べものは一度満足すると「もう一度食べたい」という再訪につながりやすい。そして，経済効果や雇用創出効果[3]を期待できる。

3．災害への備えと復興のエンジンとしての「食」

（1）災害抵抗力を高める「食」の取り組み

　大きな自然災害が発生すると，その直後には避難や救出が行われ，避難所等

で一時的に生活する緊急または応急的な対応を行う時期がある。その後，復旧や復興に向けて動きだし，防災対策を整えるフェーズに至る。

　「食」は人間の生命活動に必要不可欠なものであるため，発災から復興，そして防災のどの段階でも供給が求められる。そのような時に宿泊施設や飲食施設などではどういった対応が求められるだろうか。

　1924（大正13）年，関東大震災が発生した当日，東京・日比谷の帝国ホテルでは，フランク・ロイド・ライトが設計した新館が建設されたばかりであり，落成式典の準備が行われていた。地震によって周辺では建物が倒壊して火災が発生する中，同ホテルの新館はほぼ無傷で残り，行き場を失った人々の一時的な避難場所としておにぎりなどの炊き出しが行われたという[4]。

　では，現代において自然災害等に見舞われた地域でどのような食の供給が行われているだろうか。電気，ガス，水道といったライフラインが途絶した地域では，被災者は地域で備蓄された非常食[5]を分け合って栄養補給を行う。特に観光地の宿泊施設では，災害の発生時には滞在するお客様が帰宅するまでの食料を備蓄していた食料[6]でまかない，避難者への炊き出しや入浴施設の提供なども行ってきた。大型の旅館やホテルでは，支援物資を配布するための拠点としての役割も担う。

　発災直後から応急的な時期までの，観光客のほとんどいない時期には，観光地のホテル，旅館や飲食施設では避難者や復旧・復興作業員などのための食事提供にあたり，食材調達の悩みが発生する。広域で物流システムが機能しなくなった東日本大震災の時は，被災地はもとより，地震による直接的な被害がほとんどなかったエリアでも，通常の食料供給ルートに問題が起こり，食材や資材の確保に困難が生じた。例えば南関東で自動倉庫を利用していた事業者は，地震によって施設に歪みが発生し，しばらくの間は倉庫内の食材を取り出せない事態になったり，在庫管理にコンピュータ・ネットワークを活用している事業者では，停電の際に手書き伝票で対応したために出荷のスピードが著しく遅くなったりといった問題が発生した。さらに，大きな自然災害において，幹線道路は許可を受けている緊急車両しか通行できないため，食材供給が追いつかないという理由で，営業できない施設が発生していた[7]。

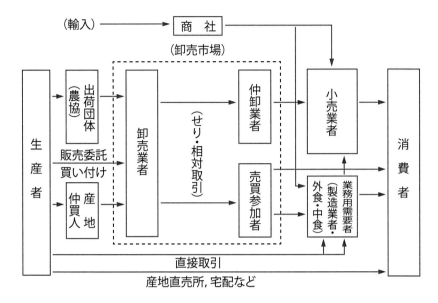

図8－1　生鮮食料品の主な流通経路

出典：伊藤（2015）p.133。

　宿泊産業や外食産業の食材の流通経路は，卸売市場を経由するもの，生産者から直接仕入れるもの，小売事業者を介するものなど多岐にわたる。図8－1は主に生鮮食料品の流通経路を記したものである。通常の事業活動において，事業者は量を安定的に供給できること，妥当な価格であること，品質が一定水準以上であり，安定していること，洗浄や皮むき，カットなどの加工度といった要件を満たすものを購入している。食材調達を設計する際にはこのような条件に加え，災害発生時に食材を供給できるルートを確保するというリスクマネジメントの観点からも，食材調達ルートをあえて多様化しておく必要がある。

　特に，地域内や隣接する地域の食料生産力が減少しつつある地域では，地域の食材を日常的に購入して生産の継続ができるよう努めたい。江戸時代から昭和にかけて，青森県二戸（あとがき参照）のように，自然災害によって地域の作物がとれず，物流が機能しなくなった時に地域内で栽培される救荒作物が人々を救ったという事例がある。地域で歴史的に人々を助けてきた救荒作物を見直す，常温で長期保存できる地域の伝統的製法の漬物等，発酵食品の灯火を消さ

ないようにするなどの取り組みが求められる。これらの食材や料理を平時においても旅館の料理の一品に加えるなどして，一定の需要をキープしておきたい。その際，現代人の舌に合わせて味付けや調理方法を改善してもよいだろう。外からの物流に問題が発生した時のために，その地域での農林水産業，食品産業[8]を守り，いざというとき，地域内で少しでも多くの食料をまかなえるようにしておく必要がある。

（2）復興のエンジンとしての食

　観光地の「食」のコンテンツの中で，地域性が高く，観光客への訴求力の高いものは災害からの復興を加速するエンジンになる。ポイントは，雇用創出，経済効果，継続性の面で，事業として見込みがあるかということと，観光客に対して訴求力があるかということに集約できる。

　まず，事業として見込みがあるかという点について，地域食材を活用した加工業に関して，水産加工業を事例にみてみよう。地域の水産資源を活用した水産加工業は，古くから漁港周辺で営まれてきた。近年の水産加工業を取り巻く状況は厳しく，デフレの影響や市場の成熟化，水産資源の枯渇などにより収益性は低下していた（李他，2016）。水産加工場の数は減り続けているものの，冷凍，冷蔵施設の数は加工場の数ほど落ち込んでいない（図8－2）。

　これらの施設は，原材料や製品を貯蔵して，安定的に製造・販売できるようにしているのである（濱田，2016）。

　水産加工業は漁労や養殖，輸入などの水産物や，調味料などの調達から冷蔵，冷凍，包装資材や運輸に至るまで，多種多様な業種が密接に関連している裾野の広い産業である（李他，2016）。地域の中に多くの労働を生み出す労働集約的な産業であるため，関連する事業者と組み合わせて整備していかなければならない。

　東日本大震災からの復興において，岩手県は「基本方針を貫く二つの原則」として，「被災者の人間らしい「暮らし」，「学び」，「仕事」を確保し，一人ひとりの幸福追求権を保証する」「犠牲者の故郷への思いを継承する」の２つを掲げた。そして，水産業の復興については，漁業協同組合の機能を回復させ，漁協

148 |

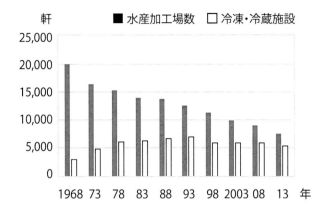

図8−2　水産加工場数と業務用冷凍・冷蔵施設数の推移

出典：漁業センサスより筆者作成。

を核にした漁業・養殖業の構築，産地魚市場を核にした流通・加工体制を構築するとしている（濱田，2013）。復旧・復興にあたっては，関連する産業を一体的に整備することが大切なのである。

　そして，一体的に整備された事業者が，「産地の核でもある産地市場（魚市場）に観光施設を増設したり，産地市場が地元の外食や給食あるいは小売業界との繋がりを強めて地産地消経済の拡大を図ったり，都市住民との交流を図るブルー・ツーリズム[9)]をおこなったり」するのである（濱田，2016）。つまり，加工及び販売だけではビジネスとして成立させるのが難しいが，観光での活用を視野に入れて整備していくことで継続性や収益性が増すのである。

　次に，観光者に対する訴求力の高め方について説明をする。前節で述べた通り，観光者に対して，地域の農産物の歴史，文化，生産にまつわるストーリーを語ることで，関心及び商品の付加価値を高めていく。こうすることで，適正価格での販売が実現できるだろう。

　その土地で古くから作られてきた農産物で，採種を繰り返していく中で，その土地の気候風土にあった野菜として確立されたものを「伝統野菜」という[10)]。地域独特の農産物で，九条ネギ（京都），金時にんじん（大阪），練馬大根（東京），熊本いんげん（熊本），会津丸茄子（福島）など様々なものが各地で認定されている。

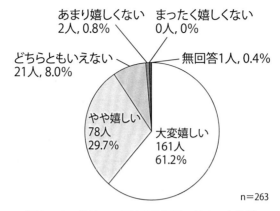

あまり嬉しくない
2人, 0.8%

まったく嬉しくない
0人, 0%

無回答1人, 0.4%

どちらともいえない
21人, 8.0%

やや嬉しい
78人
29.7%

大変嬉しい
161人
61.2%

n＝263

図8-3　旅館での伝統野菜提供に対する意識[11]

　筆者が大学生を対象として実施した「伝統野菜に関する意識調査」[12] によると，旅館で地域の伝統野菜を提供された場合，「大変嬉しい」と回答した学生が61.2％であり，「やや嬉しい」の29.7％を加えると90.9％が伝統野菜の提供を好ましいことと受け止めている（図8-3）。

　その理由としてあげられた意見には，「食を通じてその地域の理解を深められるから」「昔に思いを馳せながら味わえる点がよいから」「旅先での特別な体験は，非日常感を高めてくれるから」「珍しいから」「手間がかかっていて安全そうだから」などがあった。

　また，伝統野菜のように認証を受けているものではないが，地元の農産物が提供される場合についても，「大変嬉しい」が59.3％で，「やや嬉しい」の27.8％を加えると87.1％が地元産農産物の提供を支持している。

　伝統野菜は，味・色味・硬さなどの個性が強くて使いにくい，調理に手間がかかる，量・価格両面で安定供給に不安がある，どのように料理すれば良いのかわからないなどの理由で利用に踏み出せない施設が少なくない。それぞれの旅館やレストランの努力にまかせるだけでなく，地域で料理方法を研究して共有する，少量でも入手できれば料理のあしらいに取り入れる，冷凍に適した素材ならば，冷凍技術も活用するなどの取り組みを検討しても良いだろう。その際，お客様に対してこの地域の伝統野菜であることをしっかりと伝えていきたい。

　他方で，伝統野菜に限らず地元食材を積極的に活用することについて，放射能汚染の風評被害の残る福島の１つの事例を紹介する。東日本大震災の後，いわき湯本温泉のこいと旅館では，「地域を活性化するために」と，安全が確認できている食材[13]を積極的に購入・提供して地元の農畜産業や水産業を支援している。「残念ながら，検査で安全だと示されていても不安を感じるお客様はいらっしゃる。しかし，だからといって福島産食材の使用をやめたりはしない。不安だというお客様はご利用いただかなくてよいというくらいの気持ちで，地域を本気で支援したい」と，同旅館の代表取締役の小井戸英典氏は語っていた[14]。

　地域の「食」資源を最大限に活用し，６次産業化を志向すれば付加価値を高めて地域ブランドの確立に役立つ。その際，ストーリーを明確に伝える必要がある。「食」にまつわる取り組みは，これまで繰り返し述べてきたように復旧・復興に向けて経済的なエンジンになるだけでなく，地域を誇りに思う精神的なエンジンともなる。

４．地域の食資源の再点検を

　地域に根ざした「食」は，風土や文化との関わりの中で醸成されたものであり，地域の特徴をわかりやすく示す観光資源である。観光資源としての「食」は災害の有無にかかわらず，観光振興において重要な役割を果たす。図８−４に災害抵抗力向上と，復興のエンジンとしての食の評価指標を示した。まず，地域の「食」資源の整理が重要である。１次産業では，農林水産業の生産力の現状や推移，伝統的農産物や農産物ブランド化への取り組み状況などを明らかにする。２次産業については，加工品の生産に関して，どのような原材料を使ってどのような商品を製造しているかを知る。３次産業については，飲食店，宿泊施設，小売店など，地域に現在どのような施設があるかを掌握する。それと並行して，食文化の見直しや発掘作業，場合によっては新メニュー開発なども含めて地域の食文化に対する理解を深めたい。そして，現代マーケットのニーズを把握し，１次・２次・３次産業における課題やポテンシャル，希望や目標などを共有し，意見調整を行う。

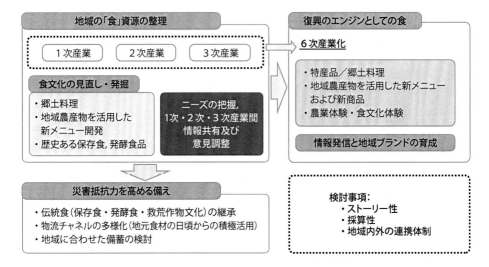

図8−4　災害抵抗力向上と復興のエンジンとしての「食」の評価指標

その上で，災害抵抗力を高める備えとしては，伝統食（保存食・発酵食・救荒作物文化）の継承，物流チャネルの多様化（地元食材の日頃からの積極利用），地域に合わせた備蓄の検討が挙げられる。

次に復興のエンジンとしての食についてまとめる。地域の「食」資源の整理を踏まえて，特産品，郷土料理，農業体験，食文化体験などのコンテンツを充実させていく。そして，そのコンテンツを6次産業化し，情報発信を適切に行って地域ブランドを確立していく。実際の取り組みにあたっては，ストーリー性，採算性，地域内外の連携体制構築といった点について合わせて検討していきたい。

なお，観光地には農林水産業の「生産地」と，生産力に乏しい「消費地」がある。「生産地」の中でも，すでに地域ブランドとして知名度が高く，強い競争力を持つコンテンツのある地域もあれば，生産をしているものの特徴をアピールしきれていないとか，特徴に乏しいコンテンツしかない地域もある。

食資源の発掘とブランド化のためには，地域の食資源の棚卸しを行い，食材，加工品，メニュー，サービス形態などのコンテンツを再発見（あるいは新設）していきたい。「生産地」は地域内で生産している農林水産物を手掛かりに，「消

費地」においては，地域内の加工品に着目したり，地域を広域で捉えて魅力を発見したり，新たな食資源を発掘することで，災害に強い地域を作ることができるだろう。

【注】

1 ）農家が自家栽培した農産物を主な食材として使用するレストランをいう。1997（平成 9 ）年，現在の大分県日田市に，大山町農協による地域の農産物を活用するレストラン，「木の花（このはな）ガルテン」がオープンした。このレストランは，毎日 100 種類以上の農家料理をブッフェスタイルで提供する。食材の多くに旬の地元農産物を使用している。レストランは，市街地から離れた山間にあるにもかかわらず，安定した人気を誇る。

2 ）アルケッチァーノは，オーナーシェフの奥田政行氏が 2000（平成 12）年に山形県鶴岡市に開業したイタリア料理店である。庄内エリアの農林水産物のなかでも，地域に根付いた伝統的な生産方法で生産された食材を厳選して使用している。奥田氏は農家の人々とともに伝統野菜の保存活動にも本格的にかかわっている。

3 ）ただし，飲食施設は需要に繁閑の差があり，黒字経営は容易ではない。採算が取れるかどうかは計画段階で精査する必要がある。

4 ）「「東日本大震災」と宿泊産業」，『月刊ホテル旅館』2011 年 5 月号，pp.75-90.

5 ）災害時の食事の提供に関しては新潟大学地域連携フードサイエンスセンターがまとめた『災害時における食と福祉』（2011, 光琳）などに詳しい。これまで，備蓄用の特別の食料を中心に議論されてきたが，緊急時，避難時共に温かく，平常時に近い食事のニーズが高まっていることが指摘されている。

6 ）阪神・淡路大震災の直後，社団法人日本ホテル協会では防災対策専門委員会にて，すでに整備していた「大規模地震への対応策指針」の見直しを行った。そして，『大地震時の対応活動マニュアル』には，「食」に関して「震災時の対応活動指針の内容」の「応急的な宿泊機能の確保」という項目の中に，「食料を提供する」「飲料水等を提供・管理する」と，「日常の予防対応策指針の内容」では，「食料・資材等の備蓄」項目の中で，「食料を備蓄する」「飲料水等を備蓄する」と記述している（社団法人日本ホテル協会，1996）。自然災害に備えて，それぞれの施設の規模や立地に合った備蓄をしておく必要があるだろう。

7 ）全国展開する外食チェーン A 社の物流担当者への筆者によるインタビューより（2018 年 12 月実施）。

8 ）なお，過去には酒造りや味噌作りなどに使われる酵母が，津波などによって全て失われるという事例もあった。その際，酵母が別の地域（大学の研究室）に残されていたために，復活させることに成功した事例がある。このような発酵食品の酵母などを別の場所に保存するのもリスクマネジメントの一部となるだろう。

9 ）島や沿海部の漁村に滞在し，魅力的で充実したマリンライフの体験を通じて，心と体をリフレッシュさせる余暇活動の総称をブルー・ツーリズムという（国土交通省による定義）。

10）農林水産省「伝統野菜とは」http://www.maff.go.jp（2019 年 4 月 30 日最終閲覧）より。

11）12）の調査をもとに筆者作成。

12) 立教大学観光学部「外食産業論」履修者に向け，2019年4月23日に420票の調査票を配布し，263票の回答を得た（回収率62.6%）。調査内容は，伝統野菜の認知の状況，喫食経験の有無，喫食した場所，旅館での提供に関する意識などである。

13) 東京電力福島第一原子力発電所事故によってもたらされた放射能汚染は，周辺の土壌と水域での農林水産業に甚大な影響を与え，今でも汚染されたままの地域が残されており，その印象が一般消費者に強く残っている。そのため，土壌改良などの努力によって放射性物質を含まない作物が収穫されるようになり，安全だという検査結果が出ても震災前より安い価格で取引されている事例は枚挙にいとまがない。原発事故による「食」への影響は，五十嵐泰正（2018）：『原発事故と「食」』中公新書などに詳しい。また，原発事故に関連する風評被害対策については，立教大学橋本研究室（2016）：『観光資源の持続的活用による風評被害の克服に関する研究　－福島県北塩原村を事例として－　報告書』などに，具体的な対応策などが述べられている。

14) 筆者によるいわき湯本温泉こいと旅館へのインタビューより。（2019年3月実施）

引用・参考文献

Hall, C. M.（2003）Food Tourism Around the World. Elsevier

濱田武士（2013）：『漁業と震災』みすず書房

濱田武士（2016）：『魚と日本人』岩波新書

伊藤匡美（2015）：「フードサービスと流通」pp.127-150，日本フードサービス学会編『現代フードサービス論』創成社

国土省・水産庁（1998）：「ブルー・ツーリズムとは」『ブルー・ツーリズムの魅力』http://www.mlit.go.jp/crd/chirit/blue-t/blue_info.html（2019年5月 最終閲覧）

李　東勲・石原慎士（2016）：「生活復興を支える地域産業支援」大竹美登利他編『東日本大震災石巻市における復興への足取り』建帛社，pp.116-129.

五十嵐泰正（2018）：『原発事故と「食」』中公新書

稲澤　勉（2017）：「イメージを食べる旅」高山陽子編著『多文化時代の観光学　フィールドワークからのアプローチ』ミネルヴァ書房，pp.87-100.

新潟大学地域連携フードサイエンスセンター編（2011）：『災害時における食と福祉　－非常食・災害食に求められるもの－』光琳

農林水産省「伝統野菜とは」http://www.maff.go.jp（2019年4月30日最終閲覧）

立教大学橋本研究室（2016）：『観光資源の持続的活用による風評被害の克服に関する研究　－福島県北塩原村を事例として－　報告書』

社団法人日本ホテル協会（1996）：『大地震時の対応活動マニュアル』

丹治朋子（2019）：「フードツーリズム」pp.376-377. 白坂　蕃他編著『観光の事典』朝倉書店「「東日本大震災」と宿泊産業」，『月刊ホテル旅館』柴田書店，2011年5月号，pp.75-90.

第9章
風評被害と観光

1. 「風評」と観光行動

（1）「風評」とは

　「風評」とは，災害や事故等が生じたときに，行動主体が，情報や知識・経験などを総合した主体的な判断によって，行動を変容させた結果，社会への影響が顕在化することである。

　災害発生に伴う観光地の「風評被害」は，地震や火山噴火等の自然災害，放射能汚染等の人為的災害を問わず，これまでも繰り返し生じてきた。観光は多様な産業と関連をもちながら成立するために雇用創出効果・経済波及効果が大きいため，ひとたび風評被害が発生すると，地域経済に与える影響は広範囲に及ぶ。観光地には，市町村の観光関連部局や観光協会等があり，さまざまな規模の宿泊施設，各種観光施設や飲食・土産物販売業者，ガイド業者等々，多様な観光関連事業者が存在するために，被害の全体像を把握することは容易ではなく，その影響を客観的に把握することはきわめて困難で，補償も難しいものとならざるをえない。

　こうした難点を抱える観光地の風評について考える際に理解しておかなければならないのは，風評は，人間がもつ正当な「危機回避行動」から生じる現象であることである。危険があればそこから離れようとする傾向は，私たちにとって，生きるために最も基本的な，生命を維持するために欠かせない行動である。暗がりで落ちている紐を見て"怖い"と感じて立ち止まってしまうのは，行動主体が紐を蛇と勘違いしたからである。同様に，災害に伴って漠然とした不安を感じる行動主体が少なからず存在し，ある程度以上まとまって「危機回避行動」

が引き起こされることで，風評が発生することになる。

（2）風評の特徴

　風評は行動主体の心理的要因に左右される面が大きいために，リスク対応を自らの意志で選択できる行動がとくに影響を受けやすい。日常生活の中でしばしば風評の影響を受けるのが「食」で，狂牛病，鳥インフルエンザなどが起きると，どうしても牛肉や鶏肉は広く避けられてしまう。観光も，基本的には旅行時期や目的地を自分の意志にもとづいて選択しうるので，本質的に風評の影響を受けやすい社会行動である。とくに，グローバルな規模で人びとが移動することができるようになり，インターネットが普及しSNSを通じたパーソナルコミュニケーションが行き交う現代は，以前にも増して，風評が発生しやすい条件がそろっている社会であるといえる。

　「風評被害」には，①実際に危険な地域の周辺に与える影響，②当該地で問題が終結した後に残る影響，の2種類がある。災害が起きて，その周辺地域においてさほど時間をおかずに発生する風評被害は①で，一般にはこの用例で用いられる場合が多い。②は，直接被災した観光地が復旧・復興したにもかかわらず観光客が戻らなかったり，鳥インフルエンザが発生してしまった養鶏業者が，安全な鶏肉を出荷できるようになったにもかかわらず，市場に受け入れられなくなってしまうような場合である。こうした影響に対して，消費者・来訪者が減少したことを，被害を受けた生産者・受け入れ地域側が，被害者としての立場から用いる傾向があることも，「風評」の特徴である（前田，2005）。

　受け入れる観光地側において，自分の店には被害はなかったとしても，地震後に散乱している土産品を片づけている隣の土産店を見れば，自らの店を再開しにくいということもあるだろう。このように，自然災害が起きると，実際にさまざまな情報が行き交う中，どうしても不安に感じたり誤解が生じやすいうえに，日本人の特徴としての「自粛」や「遠慮」を，いかに克服するかという課題もある。ただし近年では，自然災害後に積極的に花見をしている様子や，「応援するために来た」という声を紹介するなど，マスコミやSNSでプラス面も取り上げられるようになってきている。

　なお，風評は，被害をもたらす一方，周囲に「利益」をもたらす場合もある。食でいえば，先に述べた①ないしは②の影響により特定の野菜が売れなくなったことで，別の野菜が売れるようになるような場合である。自然体験を中心とする教育旅行の目的地として多くの生徒を集めていた福島県にとって，東日本大震災の影響は甚大で，ほとんどすべての学校が近隣県の自然観光地にシフトした（橋本ら，2015）。このような場合には，新たに生徒を受け入れることになった隣接県の自然地域が「風評利益」を得ることになる。

　いずれにしても，自然災害発生後に，被災地ならびにその周辺地域が，観光客から「選ばれない」という選択がなされてしまうことは避けられない。つまり，本質的に風評の影響を受けやすい社会行動である観光において，その発生を完全に防止することは難しい。したがって観光客を受け入れる自治体や観光地にとっては，その影響をいかに最小限に抑え，回復を早める手だてを考えてゆくかが，現実的な課題となる。

　以下，こうした特徴を有する観光風評被害に対して，観光客受け入れ側が，いかなる考え方をとるべきかについて，観光客の行動特性の視点から考えてみたい。

2．「風評手控え行動」と観光

（1）観光における「風評手控え行動」

　自然災害が発生し，その様子がマスメディアで取りあげられれば，そこに行く予定をたてていた人は「不安」を感じ，行動は抑制される。SNSなどで誤った情報に接して現地の被害を過大視したり「誤解」することもあるだろう。さらに日本人の場合，すでに述べたような「自粛」や「遠慮」が及ぼす影響も大きいと考えられる。このような自然災害等の影響によって行動一般が抑制する傾向は「風評手控え行動」と呼ばれている（前田，2005）。

　前田（2005）によれば，大規模な災害が発生すると，旅行自体を「中止」する場合以外に，旅行期間が短縮され，遠距離から近距離の旅行に変更されるなど，行動計画が「縮小」されるので，利用する移動手段にも影響が及ぶ。行動内容も，

表9-1　旅行時期・対象地からみた「風評手控え行動」のタイプ

旅行時期／対象地	変更不可	変更可能
変更不可	タイプA	タイプC
変更可能	タイプB	タイプD

出典：前田 (2005)。

「目新しさよりも既知のもの，安心できるもの」を求めるようになる。これらにより，旅行市場は全体として縮小し，風評被害を受ける地域が出てくる。その一方で，目的地が変更されれば，変更した目的地に「風評利益」がもたらされることになる。

（2）旅行者の「風評手控え行動」の４タイプ

　旅行の「対象地（行き先）」と「旅行時期」の変更可能性に着目すると，旅行者の風評手控え行動は，表9-1の４つのタイプに分類することができる（前田, 2005)。

　まずは対象地が決まっており，旅行時期の変更も不可の場合である（タイプA)。特定のイベントやスポーツを観戦することが目的の場合などが代表的な例となるが，自然現象を目的とする旅行でも，日時と場所が特定される「皆既日食ツアー」のような場合はこのタイプとなる。こうした目的が明確な旅行の場合，その決定は旅行者本人の意志にもとづいて主体的になされるために，風評の影響は受けにくい。このタイプでは，参加する意思が強ければ強いほど，現地に直接確認するなど自ら積極的に情報を収集しようとするし，たとえ災害によって主要な移動手段が利用できなくなったとしても，代替移動手段を探して旅行しようとする意思が働くためである。

　タイプBは対象地の変更は可能，旅行時期は変更が不可の場合である。修学旅行は，学校行事として定められた期間に実施されるし，卒業旅行のような，

特定の期間内に旅行する場合もこのタイプになる。2001年の米国同時多発テロのあと，アメリカとの関係の深い沖縄を避けて，「安全」と考えられる他の地域に修学旅行先を変更する学校が数多くみられた。とくに修学旅行のような，何かあった場合に責任を問われる可能性が高い団体旅行の場合には，主催者側に責任回避をはかろうとする心理がはたらき，行き先の変更がなされやすくなる。

　対象地が決まっていて旅行時期は変更可能なタイプCは，もともと明確な目的をもって訪問を楽しみにしていた観光地が被災してしまったような場合で，このタイプは，訪問の見通しがたつまで「待つ」という選択がなされやすい。泉質が素晴らしい特定の温泉に行くために訪問時期を延期するような場合である。主人や女将が顔見知りの宿を心配し，落ち着いた頃を見計らって応援に行くような旅行もこのタイプである。Dのタイプについては，災害発生からの時間経過にもよるが，先に紹介したような「旅行の中止」「旅行計画の縮小」「馴染みの観光地への変更」などがなされやすい。

　このように，4つの旅行タイプを見比べた場合，風評の影響をより受けやすいのは，対象地が変更可能なタイプBとDとなる。修学旅行の生徒たちが沖縄のことを一生懸命調べて修学旅行を楽しみにしていたとしても，米国同時多発テロのあと，保護者会に出席した数百人の保護者のうちの一人の「何かあったらどうするのか」という発言を受けて，行き先の変更を余儀なくされてしまうようなことが，実際に起きてしまうのである。

　風評は現実には避けられないものではあるが，自治体や観光地が風評対策を考える場合，訪問観光者がどのようなタイプであり，それぞれの「風評手控え行動」の影響がどの程度重なり合っているのかを考慮することが，有効な対策を考えるための第一歩となる。

（3）裏磐梯における風評被害の特徴

　福島県の磐梯山北麓の裏磐梯地区は東北を代表する自然観光地である。筆者らは2013年度より，裏磐梯地区を有する北塩原村において，東日本大震災の観光風評被害について関係者に集中的に聞き取り調査を実施し，実態を把握した（橋本ら，2015）。表9－2は，その調査で明らかになった「風評手控え行動」の

表9−2　北塩原村の観光にみられる「風評手控え行動」のタイプと特徴

	「早期回復型」	「長期継続型」
旅行目的	スポーツ合宿 ワカサギ釣り客	（県外からの）教育旅行 ヤマメ釣り客
旅行形態	個人旅行	団体旅行
利用者特性	常連客 営業努力継続型の 施設の利用者 高齢者	ネット予約の利用者 子ども連れ
距離（発地）	近距離（県内） 台湾・タイ	遠距離（県外） 韓国・シンガポール

出典：橋本ら（2015）。

タイプをまとめたものである。

　旅行目的でみると，「スポーツ合宿」は回復が早く，「（県外からの）教育旅行」は長期化している。冷涼な気候と自然環境を求めて同地域を長年合宿先としている高校・大学は多く，早期に回復する傾向にある。対して，教育旅行は先ほど紹介した「タイプB」の典型であり，これまで毎年裏磐梯で自然体験を行ってきた学校が，類似した自然体験やスキーが可能な近隣県へ行き先を変更したことによる。とくに教育旅行の場合，数年間は同じ場所で実施することが一般的であるため，一旦他の行き先に変更されると影響は長期となる。釣り客の場合，桧原湖の冬の風物詩として定着している「ワカサギ釣り」は釣り客の戻りが早く，同村大塩地区の渓流での「ヤマメ釣り」については，同地区が距離的には裏磐梯地区よりも原発事故の発生地点から離れているにもかかわらず，長期化している。ワカサギ釣り客の多くは民宿を常宿としている馴染み客が多いため，応援を兼ねて早期に戻ってきていることが考えられる。

　旅行形態では，個人旅行は早期に戻り，団体旅行は影響が長期化している。利用者特性としては，「常連客」は震災直後の2011年は見送ったものの，2012年には機を見て訪れるようになった。これは，落ち着いた時期を見計らって馴染みの宿泊施設を訪れる「タイプC」に相当する。このタイプには，「継続的な

PR」や「電話やダイレクトメール」が有効とのことであった。対して,「ネット予約」の利用者はほとんどみられなくなったという。「（県外からの）子ども連れ」も,それ以外の同行者タイプと比較すると,回復は遅くなっている。これは,放射能の影響を懸念しているためであろう。

　距離（発地）との関係では,「県内よりも県外」「東京や関西から」「関西から」の影響が長期化しているという指摘が多くみられた。距離の影響については後述することにしたい。外国人客に関しては,「台湾・タイ」からの観光客は戻りが早かったのに対し,「中国・韓国・シンガポール」からは影響が長期化している。海外からの観光客に関しては,日本に対する親近感や地震・放射能に対する「感受性」,各国の大震災報道の量と質,当時の政情等の要因が作用しているものと考えられる。

3.「3つの距離」からみた風評対策の考え方

　「風評手控え行動」の特徴をふまえ,観光風評被害をいかに軽減するかについて,観光客との「3つの距離」の視点から考えてみたい。「物理的距離」は,言葉のとおり,被災地から実際にどの程度距離が離れているか,ということである。2つ目の「心理的距離」は,観光客がその観光地をどの程度身近な存在として感じているか,3つ目の「経済的距離」は,その観光地までどの程度のコストがかかるか,である。

　ある観光地の近隣地域で地震や噴火等が発生したことで,不安を感じて問い合わせをしてくる宿泊予約者がいるとする。「○○山で噴火があったが大丈夫か」と電話で問い合わせをするような場合である。予約者は行きたい気持ちがあるからこそ問い合わせているわけであるから,後述するように,不安を取り除くべく,とくに丁寧に対応する必要がある。

　一般に,被災場所から離れた地に居住する人ほど,被災の影響が広い範囲で生じているとみなしやすい（藤竹,2000）。近場に暮らす人びとは土地勘があり被災地との位置関係を正確に理解しやすいので,災害の影響を限定された範囲で認識できるのに対して,遠方在住の人びとはそうした判断ができないので,範

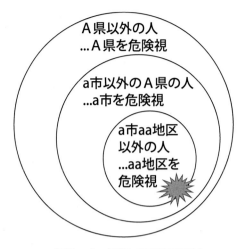

図9−1　「恐怖の同心円構造」

出典：藤竹（2000）を参考に作成。

囲を拡大して認識してしまう。「恐怖の同心円構造」と呼ばれている傾向である（図9−1）。A県a市にある aa 地区で発生した野菜のダイオキシン汚染が，a市の住民は aa 地区を危険視するのに対して，a市以外の A 県在住者はa市全体を危険視し，より遠方の都道府県からは，A 県全体の野菜が汚染されているようにみなされてしまうのである。

　観光においても，実際に被災地から遠い距離に暮らす人たちのほうが，被害状況をより広範囲で危険視する傾向にあることは変わりがなく，遠方在住者は「危なそうなのでやめておこう」と気にすることで，風評の影響を受けやすくなる。東日本大震災後しばらくの間，欧米の少なからぬ人たちから，日本全土が地震や放射能で危険であるとみなされたのも，無理のないことなのである。こうした傾向を勘案すれば，火山の噴火の影響を懸念して問い合わせをしてきた遠方在住者からの問い合わせに対しては，「火口からは離れている（から安全）」というよりも，より具体的に，東京在住者に対してであれば，「噴石の影響は新宿駅からA駅まで位の距離で，温泉市街地は（その3倍の距離にある）B駅程度離れている（ので安全）」というように，問い合わせてきた人に馴染みのある地名を用いて丁寧に，危険地域との距離関係を説明して安心してもらうような対

応が有効となろう。

　以上のような実際の距離関係（「物理的距離」）を理解してもらうとともに，観光客にとっての「心理的距離」に対する理解も欠かせない。先に裏磐梯の例で示したように，日頃から"常連客"に支えられている宿は風評被害からの回復が早い。居住地の遠近にかかわらず，その宿の主人や女将の顔が思い浮かび，心配してくれる（＝心理的に近く感じている）常連客は，真っ先に復興をアピールすべき対象となる。表９－１の「風評手控え行動」のタイプＣに相当する。風評被害から速やかに復興しうるか否かについて，観光地単位で考える際も，その観光地を選んで来てくれた観光客を，日頃いかに大切にしているかが問われることになる。

　なお，常連客に対し，近隣に居住していながらこれまでその観光地を訪れる機会がなかった人たち，すなわち心理的距離が遠い人たちもいる。そうした人たちに対しては，「経済的距離」を近づけるような施策を展開することが，新たにその観光地に足を運んでもらえる契機となる。「ふっこう割」のような観光復興キャンペーンは，その効果が継続的な施策ではないとの批判もあるものの，経済的距離を短縮することによって，とくにそれまで訪れたことのなかった観光客に実際に足を運んでもらうことができれば，その観光地を身近に感じてもらう（＝心理的距離を短縮する）ためのきっかけとなりうるという意味では，復興の初期段階において，ある程度の有効性をもつ施策とみなすことができる。

４．風評被害軽減に向けて

（１）日頃からの信頼関係の構築

　風評被害を軽減するためには，日々の取り組みのなかで，多方面の関係者とのゆるぎない信頼関係を構築することが非常に重要となる。これは災害が発生してから検討して対応できる性格のものではない。

　まず，観光地内の観光関連組織間との相互連携が円滑にとれる体制なくしては，有事に一丸となって迅速に対応する体制はとれない。そのためには，日頃から観光関連組織・事業者間の交流を進め，非常時の指揮命令系統を明確にし

ておかなければならない。

　研究者・研究機関との日頃からの関係づくりも重要である。その観光地を長年研究フィールドとしている研究者は，科学的根拠にもとづいた助言をしてくれる「ホームドクター」であり，研究の蓄積は風評払拭の根拠を提示してくれる。また，研究によって培われた人的ネットワークは，風評を抑制することに貢献するだろう。観光地にとって，犠牲者が出ることは復興の際に大きな痛手となる。2000年の有珠山噴火時には，北大の火山学者というホームドクターの助言にもとづいてきめ細かな備えを進めたことで，規模の大きな噴火にもかかわらず，一人の犠牲者も出さなかった。それが結果として，風評を最小限に抑えることになったのである。

　観光業界や業界団体との日頃の関係も大切である。雲仙温泉は，1990年からの雲仙普賢岳の噴火活動が続いたことで風評被害の影響を少なからず受けていた。その雲仙温泉をおおいに勇気づけたのは，「雲仙温泉に育ててもらった」という意識をもった旅行会社の社員達の支援活動であった。旅行会社や交通事業者が応援ツアーを企画したりするような支援が得られるのも，普段からの信頼関係あってのものである。

　外部との交流・ネットワークも，風評の軽減に向けた心強い援軍となる。これもさまざまな形での交流が考えられるが，ここでは最近の市民レベルでの動きの例を紹介しておこう。2015年春に箱根の大涌谷で小規模な噴火が観測され立ち入りが制限されたことで，箱根の温泉街全般が風評被害を受け，同年秋，それを知った北海道洞爺湖町から，100名を超える町民が応援に駆けつけた。その背景には，有珠山が2000年に噴火した際，箱根町は，姉妹都市提携にある洞爺湖町（当時虻田町）に対して，職員派遣や見舞金などで支援した経緯がある。とくに勇気づけてもらったほうは，その恩を忘れないものである。このような被災地間は，まるで病気から快復した人たち同士のように，相互に理解しあえる関係となれるし，普段から連絡をとりあっているからこそ，被災後に速やかに助け合える体制をとることができるのである。この例のような「被災地支援経験」は，外部とのネットワークづくりを広げるうえで重要であるし，「報道関係者との関係」の重要性については次節で取り上げる。

　そして，すでに指摘した観光客との「顔の見える関係」の構築も不可欠である。人間関係において，何かあった時にまず心配するのは，顔が思い浮かぶ関係にある人たちである。直接被災した場合のみならず，風評被害も特定目的の客や馴染み客の多い宿泊施設は影響が小さく，インターネット予約者は影響が長期化する傾向にある（橋本ら，2015）。日頃から観光客との信頼関係を大切にすることは，有事の際に心強い存在となる〝潜在的なサポーター〟を数多くもつことにつながるために，災害回復力が強化される。日々接する観光客を手厚くもてなし，「顔の見える関係」づくりを地道に続けることが大事なのである。今やインターネットは宿泊施設の重要な予約手段となっているが，その場合も，一度来ていただいた観光客の心をつかみ，その後いかにして繰り返し利用してもらえるかに注力することが重要である。普段から付き合いや信頼関係があるからこそ，何かあった時にスムーズに助け合えるのである。風評からの回復が早いのは，心理的に近く感じてくれている常連客の多い宿（表9-1のタイプC）であったように，観光地単位で考えても，観光客にその観光地のファンとなってもらえれば，風評に惑わされない〝応援団〟として，心づよい味方となってくれるだろう。

　本節で述べてきた「日頃からの多方面の信頼関係の構築」は，風評被災地のみならず，実被害を受けた被災地においても共通する災害抵抗力となると考えられる。

（2）風評被害の「初期消火」に取り組むために

　これまで述べてきたように，観光は本質的に風評の影響を受けやすい社会行動である。ここでは，「いかにして〝初期消火〟に取り組み，風評手控え行動の影響を最小限にとどめるか」について考えてみたい。

　〝初期消火〟には迅速な対応が必須であるが，それを可能にするためにまず必要なのは，「首長のリーダーシップ」である。2018年1月に草津本白根山が噴火（水蒸気爆発）した。これに対し草津町では，町長のリーダーシップのもと，科学的な知見にもとづいて，関係者が一丸となり，報道関係者に対してすべての情報をオープンにする姿勢での迅速な対応が際立っていた。この一連の対応は報

道関係者の信頼を得て，1週間後には，「頑張っている草津を紹介したい」とい
う報道姿勢を引き出したという。不安を払拭し誤解を防ぎ，自粛・遠慮を防止
することで風評手控え行動の影響を最小限にとどめるのみならず，報道関係者
を味方につけることに成功した好例である。首長がこうしたリーダーシップを
発揮できるためには，前節で述べたように，日頃から非常時の組織内の役割分
担や指揮命令系統の明確化が欠かせない。

　次に大切なのは，「情報の影響力を正しく認識したうえでの対応」である。現
代社会において，風評を拡大する要因として，マスメディアの影響はきわめて
大きい。なかでもテレビは，自然災害が発生すると各テレビ局が一斉に報道す
ることで，その様子が瞬く間に全国に配信されるので，被災時の映像が繰り返
し報道されれば，被災地は深刻な状況が続いていて，その周辺地域にも影響が
広く及んでいると人びとが思い込んでしまうことは，東日本大震災後の報道か
らも容易に理解される。ニュースになるのはあくまでも「異常」な状況なので
あり，そうした報道に接した人が不安に感じた様子をSNSで流せば，それを受
け取った人びとの不安は増幅し，風評はますます加速してしまうことになる。

　危機管理能力の高い企業は，事故や不良製品を出してしまった際，企業イメー
ジを守るために，できる限り早く，包み隠さず正確な情報を公開するという原
則に則って，マスメディア対応の危機管理システムを確立している。観光地に
おいてもまずは，対応窓口を一元化し，迅速かつ正確に情報を公開することで
曖昧な情報の遮断につとめることが大原則となる。そのためには，日頃から有
事の際の報道対応部局を明確にし，観光地内の関連組織間で共有しておくこと
が欠かせない。なお，報道関係者は被災後にいろいろな声を聞きたいと考え，
直接利用客に聞いたりすることもあるので注意が必要である。

　報道関係者は，刺激的な映像とともに，その災害が「かつて経験したことが
ない」規模のものであるという内容の紋切型のコメントを求める傾向にあるの
で，報道関係者との付き合い方も重要である。いかに報道関係者と主体的に付
き合うか。出したい情報を出し続け，場合によっては取材を断ることもありうる。
マスコミの影響力が大きいがゆえに，風評の影響が危惧される際に，観光地が
無事であること，元気な様子をアピールしてもらえるよう，有事の際に"応援団"

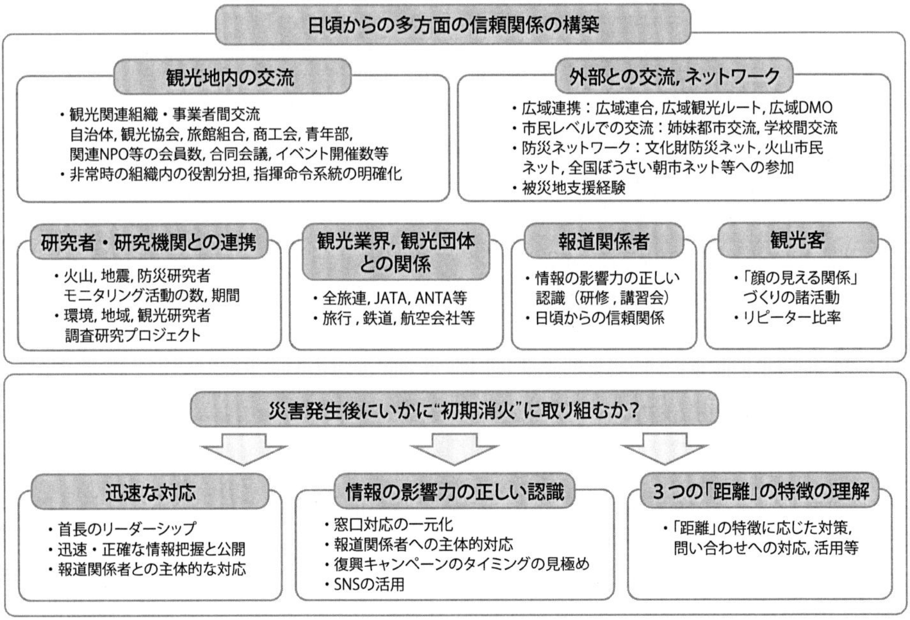

図9−2　観光風評被害軽減に向けての取り組みに関わる災害弾力性評価指標

となってもらうために，日頃から報道関係者との信頼関係を築いておくことが重要となろう。

　復興キャンペーンのタイミングの見極めも重要である。前項で指摘したように，科学的なデータに基づいて自信を持って経過を把握できれば的確な時期に実施できるので，日頃から研究機関との協力体制をとり，研究者との信頼関係を築くことが重要となる。SNSも現代では重要な情報伝達手段となるので，その功罪を平時に理解しておかなければならない。

　最後に，観光客に被災地との「距離」を正しく認識してもらうために，先に述べたような，「3つの距離」の特徴を理解したうえで，観光客に正確な位置関係を理解してもらう説明をするなど，実際の対応に活かしていくことである。

　図9−2は，本節で述べてきた観光風評被害軽減に向けての取り組みに関わる災害弾力性指標を例示したものである。

　2018年1月の本白根山の水蒸気爆発のあと，別府市が草津温泉を応援するメッ

セージを市の観光情報サイトや新聞広告に掲載したことが話題になった。群馬県と大分県は，ともに自負する「温泉県」で，しかも両県を代表する温泉地という「ライバル」からのエールである。2016年の熊本地震後の風評支援の恩返しとして別府が温泉を全国に届けた帰りに，草津から温泉を持ち帰ったことが，両温泉地を結びつけるきっかけになったという。観光地ならではの「応援のリレー」の形である。東日本大震災以降，地震活動が活発化しているなかで，こうした新たな被災観光地相互の助け合い・連携の動きは加速していくことだろう。自然災害は被災経験のある観光地どうしを新たに結びつける契機となる。アイデア次第で，助け合いや連携を明るいフレームに置きかえて復興を進めうるのが"観光の力"であるといえよう。

参考文献

藤竹　暁（2000）：「風評被害とは何か」農業経営者，49，pp.10-13.

橋本俊哉（2018）：「風評被害からの観光復興－「風評手控え行動」の視点から」人と国土21, 44 (1)，pp.14-18.

橋本俊哉・海津ゆりえ・相澤孝文（2015）：「東日本大震災における観光の風評被害に関する研究－福島県北塩原村の「風評手控え行動」の分析を通して」立教大学観光学部紀要，17，pp.3-12.

前田　勇（2005）：「不安心理と観光―風評手控え行動のメカニズム」観光研究，17(1)，pp.36-43.

コラム5 風評被害をバネとした観光地の再生：由布院温泉
Column

　1975（昭和50）年4月21日午前2時35分頃，M6.4の地震が大分県中部地方を襲った。大分県中部地震である。この地震でやまなみハイウエイをはじめとする道路損壊や局地的な建物被害がみられたものの，由布岳の南西麓に位置するのどかな由布院温泉はほとんど被害がなかった。しかし，1階が押しつぶされた1軒のホテルの写真がテレビ，新聞でひろく報道されたことで，甚だしい風評被害に見舞われてしまった。

　当時の風評被害からの復興の立役者となったのは，その4年前の1971年，50日余りにわたって西ドイツ（当時）を視察して戻ってきた30代の若者たちであった。中谷健太郎氏（亀の井別荘），溝口薫平氏（由布院玉の湯），志手康二氏（山のホテル夢想園）である。1924（大正13）年，東京帝国大学本多静六博士は，由布院での講演で，散策や滞在のための町並みや周辺環境の整備の重要性と，整備において西ドイツを手本とすべしと説いている。40年近く前の講演録『由布院温泉発展策』に刺激され，実際に西ドイツを視察し本多博士の教えを実感として理解した彼らは，お客が来ない，何もすることがない現状を目の当りにして，「真空状態の中で，夢中でいろいろなことをするエネルギーがあった。スピード感をもって（さまざまなアイデアを）実現できた」時代だったという（中谷氏談）。

　由布院が健在であることを発信するために，地震後間もない時期に，西ドイツの視察をヒントに長崎の対馬牛を5頭購入して自ら調教し，まずは復興のシンボルとして辻馬車を導入する。7月には，それまで「星空の下の小さなコンサート」として行っていたイベントを「ゆふいん音楽祭」としてスタートさせる。そして翌76年には，湯布院映画祭，さらには「牛喰い絶叫大会」と，長年続くイベントを立て続けに企画・実現してゆく。

　この頃を振り返り、中谷氏は「地震がなければそうしたイベントは生まれなかった。次のステップに行けなかった」という。由布院の場合，西ドイツの視察から戻り，滞在型の温泉地として生まれ変わることを模索していた矢先の地震であったこともあるが，風評被害を受けた危機感をもって関係者が一丸となって再生に取り組んだことで，全く新しい，個性的な温泉地として生まれ変わることができたのである。

　中谷氏は「風評はいつもある。風評でやられるようだったらそれは根本的な魅力がないということ」とも指摘する。観光地の本質的な魅力を

磨くことを怠らず，長期的な視点にたって，創造力を働かせて日々備える努力を継続すること。それが風評被害を最小限にするのみならず，新たな観光地として生まれ変わるエネルギーの源泉ともなる。日々の努力によって培われた観光地の総合的な「体力」が，観光復興の速度を左右するのである。そのヒントを由布院の経験は教えてくれる。

　日本の観光地は自然の恵みなくしては成り立たない。そうした恵みの有難さや共生の知恵の大切さや観光客に来てもらえることの有難さに対する再認識，日頃からの内外組織との信頼関係の大切さ，そして日々の備えの重要性。観光で生きる人たちにとって，風評は，こうした観光への取り組みの原点を見つめ直すための警鐘ともいえよう。

あとがき

自然災害を克服し続けてきた東北地方の生命力
～二戸に学ぶ観光を通じた「地域の誇り」の継承～

　東北は言うまでもなく地震，津波，飢饉と古来より様々な自然災害に見舞われ数万人におよぶ死者を出してきた地域である。私は日本の台所を支えてきた「食の物作り」を生業とする東北が，都度重なる自然災害から立ち上がり復興を成し遂げてきている基底には，過酷な自然との関わりから生まれた３つのエネルギーが今日まで継承されてきたからではと思っている。

　第１は，東北は古来より冷害をはじめとする都度重なる自然災害に見舞われており，主食の米を安定的に生産できない宿命を背負ってきた地域であった。それ故，生きるために米以外の雑穀文化に象徴される粟，稗，黍，蕎麦等の穀類などを組合わせて作る事によって命を支えてきたという「多様性に支えられた食の知恵の蓄積」がある。

　第２は，自然災害の艱難苦難を悲しい出来事として捉えるのではなく，生き残った人々の知恵を生命力の知恵として捉えて，その知恵を生活の中で活用することで継承していくという「食の生活力」の存在があげられる。岩手県二戸市では過酷な自然災害から何故生き延びられたのかを知恵として後世に継承すべく記録した通称「南部藩飢饉覚えがき」と呼ばれている書物『民間備荒録』刊（1755, 建部清庵）や『救荒略』刊（1833, 佐々城朴庵）が存在している。例えば「救荒略，飢餓考，巻之七　食類」には，「山には神から与えられた可なるものと非なるものがある」と記され，その節の冒頭は土の食べ方，次節は今で言う所の様々な安全な山菜の指摘と食べ方が細かく記述されている。これを私なりに解釈すれば，災害という悲惨な出来事を，むしろどのように生き延びてきたのかという，緊急事に生み出されたたくましい「生きる食の知恵」として，日常の食生活の中で蓄積し伝えていくという「未来思考型の食文化の存在」がある。

　山菜にしても，悲しい関わりの記憶だけのみであったならば，人々はそれを生活に利用していこうとする訳が無い。山菜を採った時の楽しい家族との思いの記憶が災害時に利用した苦しい記憶に打ち勝つからこそ，人々は山菜を食文化の１つとして取り入れ，近年まで地域内での日常食として利用され継承されてきたのである。

　第３は，岩手県二戸市では，今日，第１，第２のエネルギーを再確認し持続的なまちづくりをするため，艱難苦難の体験から生まれて食文化の誇りや知恵を地域の「宝」として積極的に再評価し活用して，商品ブランド開発を行い，それを経済循環に結びつけていく，「観光を通じたまちおこし」を始めている。この地域の誇りを原点とする活用のエネルギーこそ，未来へ引き継いでいく第３のエネルギーである。

　貧乏の象徴であった雑穀を用いて「雑穀おはぎ」「雑穀ラーメン」「雑穀ブランド米」等，誇れる土産品開発を行い，また地域の人々の緊急時の命を支えてきた山菜を用いた新料理レシピの開発と山菜ツアーでの観光客への提供，東北地域最初のリンゴ開発地域としての食文化へのプライドを生かした究極のリンゴ「プレミアム冬恋」の開発，地域限定「短角牛」の開発等地域の食文化への誇りと知恵を生かした観光まちづくりへの取り組み等を加速させている。

　度重なる災害を乗り越えつつ，なおも食の物作りを生業とする生産地域が，これからも生き残るための秘訣を「宝によるまちおこし」三代目市長藤原淳が語る。

○時間とともに悲しい記憶に対して，最後には人々の美しい思いの記憶が打ち勝ち，残るからこそ，地域を愛し，幾度となく立ち上がって行くエネルギーを蓄えられる

○美しく見せる事，姿を変えて評価されてこそ継承のエネルギーが生まれ引き継がれて行く

○日頃から日常的生活に活用し蓄積してこそ次世代に智恵が共有され，記録・記憶して教訓を伝承することに繋がる

○その前提として，震災を経験するごとに，物事は，空間は美しくなって行

かねば地域への定住意識は高まらない。備えるという事は，より美しくなって行く事であらねばならない

〇そのためには誇りのブランド化等を進め，外部の人から常に評価される仕組み作りやものづくりが必要である

生き残るために蓄えてきた「食の知恵と技のブランド化」による観光まちづくりこそ，生産文化圏での災害復興の原点ではあるまいか。

索　引

執筆者一覧（◎編集責任者）

◎橋本　俊哉　立教大学観光学部教授（はじめに，第９章，コラム５）

　室崎　益輝　兵庫県立大学減災復興政策研究科教授（第１章，監修）

　江面　嗣人　岡山理科大学建築歴史文化研究センター長・特担教授（第２章）

　橋本　裕之　大阪市立大学都市研究プラザ特別研究員（第３章）

　清野　隆　　國學院大學研究開発推進機構准教授（第４章）

　丸谷　耕太　金沢大学人間社会研究域人間科学系准教授（第５章）

　黒沢　高秀　福島大学共生システム理工学類教授（第６章）

　海津ゆりえ　文教大学国際学部教授（第７章）

　丹治　朋子　川村学園女子大学観光文化学科教授（第８章）

　真板　昭夫　嵯峨美術大学芸術学部名誉教授（あとがき）

コラム執筆者

　松井　敬代　豊岡まちなみ連盟事務局次長（コラム１）

　樋口　葵　　北海道大学大学院博士後期課程（コラム２，４）

　佐藤　公　　磐梯山噴火記念館館長（コラム３）

（検印省略）

2021 年 1 月 10 日　初版発行　　　　　　　　　　略称—復興エンジン

「復興のエンジン」としての観光
―「自然災害に強い観光地」とは―

監修・著　室　崎　益　輝
編著者　　橋　本　俊　哉
発行者　　塚　田　尚　寛

発行所　東京都文京区
　　　　春日 2-13-1　　　　株式会社　創 成 社

電　話 03（3868）3867　　Ｆ Ａ Ｘ 03（5802）6802
出版部 03（3868）3857　　Ｆ Ａ Ｘ 03（5802）6801
http://www.books-sosei.com　振　替 00150-9-191261

定価はカバーに表示してあります。

©2021 Toshiya Hashimoto　　　　　組版：スリーエス　印刷・製本：鵤
ISBN978-4-7944-3214-8 C3033
Printed in Japan　　　　　　　　　　落丁・乱丁本はお取り替えいたします。